KARLFRIED GRAF DÜRCKHEIM

DER ALLTAG ALS ÜBUNG

KARLFRIED GRAF DÜRCKHEIM

DER ALLTAG ALS ÜBUNG

Vom Weg zur Verwandlung

8. AUFLAGE

VERLAG HANS HUBER BERN
STUTTGART WIEN

CIP-Kurztitelaufnahme der Deutschen Bibliothek

Dürckheim, Karlfried Graf:
Der Alltag als Übung: vom Weg zur Verwandlung / Karlfried Graf Dürckheim. – 8. Aufl. – Bern; Stuttgart; Wien: Huber, 1984.
ISBN 3-456-30070-0

1984

Druck: Lang Druck AG, Bern-Liebefeld
Printed in Switzerland

INHALTSVERZEICHNIS

DER ALLTAG ALS ÜBUNG

Jede Arbeit, jede Kunst und jeder Beruf bedarf, damit das Werk gelinge, der *Übung*. Das weiß jeder, und, um sich in der Welt zu bewähren, lernt er, übt sich und verarbeitet seine Erfahrungen. Daß dies aber auch die Voraussetzung für das Gelingen des wichtigsten aller dem Menschen aufgegebenen Werke ist, ist weitgehend unbekannt geblieben.

Wie alles, was lebt, dazu bestimmt ist, sich voll zu sich selbst zu entfalten, so auch der Mensch. Der Mensch aber wird, was er sein soll, nicht von selbst. Er wird es nur, wenn er sich selbst in die Hand nimmt, an sich arbeitet und sich zur Vollendung des Werkes ohne Unterlaß *übt*. Das wichtigste Werk seines Lebens also ist er selbst, ER SELBST als der «rechte Mensch».

Lernen, Üben, Sammeln und Verarbeiten von Erfahrungen, was bedeutet das im Dienst des Werkes, das man selbst ist? Was heißt hier gelungenes Werk? Was kann man, was soll man hierzu lernen? Welche Erfahrungen gilt es ernst zu nehmen und zu verarbeiten? Worin besteht die Übung? Was sind die Voraussetzungen des Gelingens?

*

Die Voraussetzungen für das Gelingen jeglichen Werks in der Welt sind: eine dienende, von der Sache erfüllte Gesinnung, zäher Wille, Entfaltung sachdienlicher Fähigkeiten, Gewinnung zuverlässiger Fertigkeiten, eine gediegene Leistungskraft, das Verarbeiten der Arbeitserfahrungen und im ganzen eine ungestörte Angepaßtheit an die Welt. Am Ende steht dann das *Können,* das das Gelingen des Werks garantiert.

Das Gelingen des inneren Werkes ist die Frucht menschlicher *Reife.* Die Voraussetzungen des Reifens sind: Der Abbau des kleinen, nur weltbezogenen, schmerzscheuen Ichs, das Spüren und Zulassen und die Entfaltung des eingeborenen, transzendenten *Wesens,* das Einschmelzen der es verstellenden Positionen und Einstellungen, das Ernstnehmen und Verarbeiten der zu seinem Innewerden hinführenden und es bekundenden Erfahrungen, die Gewinnung zuverlässiger Haltungen, die dem Wesen entsprechen und in allem die Treue im Fortschreiten auf dem inneren *Weg.* Am Ende steht dann eine Meisterschaft nach innen. Das ist eine Verfassung des ganzen Menschen, die das nie endende Reifen in Gang hält. In dieser Verfassung erst erfüllt der Mensch sein Gesetz und seine Bestimmung: eine *Person* zu werden; das ist ein Mensch, der durchlässig ist für das in ihm als Wesen anwesende Sein und fähig, ihm im weltlichen Dasein zu entsprechen. So geht es beim inneren Werk am Ende nicht um ein auf die Welt bezogenes Können, sondern um die Verwandlungen zu einem dem SEIN entsprechenden menschlichen Sein.

Wo das innere Werk gelingt, *kann* und *hat* der Mensch nichts anderes und mehr als vorher, aber er *ist* anders und mehr geworden. Er ist ein anderer geworden. So steht dem weithin sichtbaren *Werk der Welt* gegenüber — vielleicht niemandem sichtbar — der nach innen hin *verwandelte Mensch.* Aber beides hängt eng miteinander zusammen. Das wirklich gültige Werk der Welt setzt menschliche Reife voraus, und die zur Reife führende Verwandlung des Menschen die Mühe um das in der Welt aufgegebene Werk. So schließen sich innerer Weg und äußeres Werk nicht aus, sondern sie bedingen einander. Und da wir von früh bis nachts gefordert sind, sowohl von unserem inneren Wesen wie von der uns bedrohenden und in unsere Verantwortung gegebenen Welt, ist das Feld eines nie endenden Bemühens, beide Seiten miteinander zu versöhnen: Der *Alltag!*

*

Jedes Werk dieser Welt gilt als gelungen nur in dem Maße, als es in vollendeter Weise verwirklicht, was es seiner Idee nach verkörpert und von seinem inneren Sinn her sein *soll.* Sei es ein Bildwerk oder ein philosophisches System, ein Haus oder eine Organisation, ein Fabrikbetrieb oder ein technisches Gebilde – ein jedes ist gelungen und eine «gültige Gestalt» nur soweit, als es in all seinen Teilen und im Verhältnis seiner Glieder den Sinn erfüllt, den das Ganze enthält. Das gleiche gilt für das innere Werk. Auch der Mensch ist eine Gestalt, eine Lebensgestalt, die als Werk nur gültig ist und Bestand hat, sofern sie als Ganzes und im Gefüge all ihrer Kräfte verwirklicht, was sie im Grunde vom Wesen her ist und sein soll. Was aber ist der Mensch eigentlich und im Grunde, und was ist seine Bestimmung?

Im «Grunde», das heißt in seinem *Wesen,* ist der Mensch eine Weise des göttlichen Seins, das in ihm und durch ihn in einer ganz bestimmten Lebensgestalt offenbar werden will in der Welt. So wie die Blume in der

Sprache der Blumen, das Tier in der Sprache der Tiere, so soll der Mensch in der Sprache des Menschen zeugen vom göttlichen Sein. Und «recht» ist der Mensch nur soweit, als seine Lebensform mit allen in ihr wirksamen Kräften diese Bestimmung des Menschseins erfüllt. Sie *lebt* in ihm als *sein* «Wesen».

Das Wesen eines jeden von uns ist die Weise, in der er teil hat am göttlichen Sein, die Weise also, wie dies Sein in ihm darauf drängt, offenbar zu werden in der Welt. In der Welt – also nicht abseits in weltabgewandter, nur geistiger Innerlichkeit, sondern im leibhaftigen Da-Sein. Menschwerdung erfüllt sich im Raum des weltlichen Schicksals und in der Gebundenheit an das tägliche Werk, also mitten im tätigen Alltag.

*

Die Bestimmung des Menschen ist: In seiner Weise zu zeugen vom göttlichen Sein. In *seiner* Weise, das heißt mit *Bewußtsein* und *frei*. Die Blumen und Tiere erfüllen ihre Bestimmung notwendig und ohne Bewußtsein. Nur äußere Umstände können sie hindern, zu werden, was sie ihrem Wesen nach sind. Der Mensch aber hat ein Bewußtsein, durch das er sich als ein *Ich* auf sich selbst und der Welt gegenüber stellt. Darin wird er in einem gewissen Ausmaß selbständig, frei und mitverantwortlich für sein Werden. Das ist seine Chance und seine Gefahr; denn er kann sich auch selbst verfehlen.

*

Die Einheit des LEBENS, das jenseits von Raum und Zeit ist, bricht im Ichbewußtsein des Menschen auseinander in den Gegensatz einer *geschichtlichen Welt*, die sich unter raumzeitlichen Bedingungen bildet und unserem Erkennen und Meistern zugänglich ist, und einem *überweltlichen Sein,* das sich jedem Zugriff entzieht. So erfährt sich der Mensch als das Wesen zwischen Himmel und Erde. Er lebt in der Spannung zwischen einer Weltwirklichkeit, die ihn raumzeitlich beschränkt, in seinem Bestehen bedroht, mit ihren weltlichen Glücksmöglichkeiten verlockt und zum Dienst im Rahmen ihrer Ordnungen fordert – und einem überweltlichen Sein, das, in seinem Wesen verborgen und als Sehnsucht gefühlt, uneinschränkbar in ihm ans Licht drängt und ihn über alle Schranken der Welt und alle Ordnungen seines Weltbewußtseins hinaus zum Dienst am Göttlichen aufruft.

*

Um sein Schicksal in der *Welt* bestehen und sein Leben meistern zu können, muß der Mensch ein Wissen von den Bedingungen seines weltlichen Daseins gewinnen. Um ein ganzer Mensch zu werden, muß er aber ebenso ein Wissen um sein Wesen gewinnen. Nur dann wird er in der Lage sein, seinem Anspruch mit Bewußtsein und aus Freiheit zu genügen. Doch das Gesetz seiner Entwicklung bringt es mit sich, daß er zunächst nur die Bewußtseinskräfte entfaltet, die seiner Weltmächtigkeit dienen. In dieser einseitigen Sicht auf die Welt und zunächst allein vom Willen beherrscht, in ihr zu bestehen und sinnvoll und glücklich zu leben, verhüllt sich das in seinem Wesen anwesende Sein. Und so verbirgt sich dem Menschen leicht das Anliegen seines Wesens und der tiefere Sinn seines Lebens: das göttliche Sein im Dasein zu manifestieren. Weil aber sein Ganzsein und sein Heilsein letztlich davon abhängen, daß er seinem Wesensauftrag genügt, fällt der Mensch, je mehr er bewußt oder unbewußt nur auf sein weltliches Dasein bedacht ist, am Ende in das die Verdrängung seines Wesens bekundende *Leiden.* Dies Leiden ergreift ihn ganz unabhängig davon, ob er mit seiner Leistung und Tugend den Werk- und Wertordnungen der Welt entspricht oder nicht.

*

Je mehr es einem Menschen gelang, weltangepaßt sein äußeres Leben zu meistern, und je mehr er sich in der Welt ohne Schuld weiß, desto weniger kann er zunächst das Leiden begreifen, das aus seiner Entfremdung vom Wesen herrührt. Das Leiden aus der Unerfülltheit des Wesens ist etwas ganz anderes also als das Leiden des Ichs unter der Welt. Erst wenn das Leiden aus der Tiefe den Menschen zwingt, endlich nach innen zu schauen, kann es ihm mit einem Mal aufgehen, daß er sich im Wesen verfehlt hat. Nun erinnert er sich wohl an Stunden, in denen er ganz von innen her ein Tieferes spürte und es vertat, und an andere, in denen ein höheres Gewissen ihn rief und er nicht gehorchte. Und dann steht er vor der Entscheidung — wieder auszuweichen, die innere Stimme zu übertönen und nur weltbezogen der Alte zu bleiben oder von innen her neu zu beginnen.

*

Wenn der Mensch einmal so zum Wesen erwacht ist, daß er seine Forderung nicht mehr überhören kann, dann steht sein Leben fortan in einer unerbittlichen Spannung; denn es bedrängt ihn nun dauernd der Widerspruch zwischen den Nöten, Aufgaben und Verlockungen der Welt und dem inneren Auftrag. Unbekümmert um die innere Stimme fordert die Welt ihr Recht, und unbekümmert um die Stimme der Welt fordert das Wesen das seine. Wir erleben das Hin- und Hergerissenwerden zwischen den zwei Polen unseres menschlichen Daseins. Aber doch sind unser In-der-Welt-Sein und unsere Zugehörigkeit zum überweltlichen Sein zwei Pole des *einen* in uns zur Verwirklichung drängenden personalen *Selbst*. In seiner Entfaltung verwirklicht sich die Einheit des Lebens in Menschengestalt. So geht es am Ende um das Gewinnen derjenigen Verfassung, in der der Mensch offen und gehorsam wird für Stimme und Auftrag des Wesens und zugleich fähig, es sichtbar und wirksam werden zu lassen mitten im weltlichen Leben und Werk. Das aber bedeutet: *Den Alltag leben als Übung* und zwar als Übung zu weltlicher *Leistung*, die zugleich «Übung auf dem inneren Weg», das heißt *exercitium* ist.

*

Der Sinn des Mensch-Seins ist wie der aller anderen Wesen das Sichtbarwerden des Göttlichen in der Welt. Das Besondere des Menschen liegt darin, daß das große, das göttliche LEBEN sich im Menschen seiner selbst *bewußt* werden und in der Freiheit des Menschen in einem bewußten Leben aufleuchten und Gestalt werden will. So ist der rechte Mensch also der, der das in seinem Wesen verkörperte divine Sein im *Glanz* seines Erlebens, in der *Strahlung* seiner Gestalt und im *Segen* seines Wirkens in Freiheit und lichter Bewußtheit offenbar macht im weltlichen Dasein. Die Verfassung, die diesem Auftrag genügt, ist die, durch die das Sein in seiner funkelnden *Fülle*, seiner inbildlichen *Ordnung* und seiner alles verbindenden *Einheit* zu erscheinen vermag. Diese Form des Menschseins wächst aber nicht geradlinig auf, sondern auf dem Umweg über eine Daseinsphase, in der das Ich allein von der Welt her bestimmt ist und dadurch das Bewußtwerden des Wesens verstellt. So bedarf es immer des Umbruchs dieser zunächst entstehenden «natürlichen» Daseinsform, deren Bewußtseinszentrum das Welt-Ich ist. Denn dieses ist auf seine gesicherte Stellung und sein reibungsloses Funktionieren in der Welt und nicht auf das Reifen aus dem Wesen bedacht.

*

In der Welt besteht der Mensch kraft eines Bewußtseins, das das Leben in festen Begriffen und Ordnungen einfängt, mit denen er die Welt rational wahrnimmt, zielbewußt meistert und feststehenden Werten gemäß formt. Doch eben in dieser Daseinsform wird das Sein im Bewußtsein verhüllt. Ihr Zentrum ist das fixierende und unterscheidende nur um seine Weltanliegen kreisende *Ich*. In ihm löst sich der Mensch aus der unbewußten Verwobenheit mit der Einheit des Lebens heraus und stellt sich erkennend und auf Selbstbehauptung bedacht eigenmächtig auf sich selbst und der Welt gegenüber. Am festen Stand und im fixierenden Blick des Ichs bricht die Einheit des Lebens in die Gegensätze Ich-Welt / Welt-Ich und Wesen auseinander. An der vom Grunde abgelösten eigenständigen Lebensform und der am Feststehenden orientierten Welteinstellung des Welt-Ichs kommt das dem Wesen gemäße Werden, Verwandeln und Reifen zu heillosem Stillstand. Und doch kann der Mensch nur kraft seines die Welt begrifflich meisternden Ichs im Leben bestehen. Nur dann also, wenn es dem Menschen gelingt, eine Daseinsform zu entwickeln, in der er sein Welt-Ich bewahrt und doch zugleich durchlässig bleibt für das in seinem Wesen anwesende Sein, das die Fassungskraft des Ichs überschreitet, wird er ein rechter Mensch, im wahren Sinn eine *Person,* durch deren Erleben und Wirken das Sein im Dasein hindurchtönt. (Personare = hindurchtönen.) Sich um das Werden dieser Verfassung zu mühen, bedeutet ein unablässiges Üben, bedeutet den Alltag selbst begreifen als Übung.

*

Spricht man vom «Alltag», so klingt ein Sinn- und Erlebnisgehalt an, der sich von dem des Feiertags unterscheidet. Der Alltag ist, verglichen mit dem Feiertag, eintönig und grau. Er ist öde im Zeichen des Gewohnten, durchsetzt von Handlungen, die immer die gleichen sind. In der Wiederholung des Gleichen droht der Alltag uns zu mechanisieren. Er ist die Tretmühle sich wiederholender Bewegung und Handlung. Der Feiertag steht im Zeichen des Einmaligen, das uns beglückt. Der Alltag stumpft ab im Gegensatz zur Erfrischung, die der Feiertag bringt. Er ist schwer, weil er unter Zwang steht im Unterschiede zur Freiheit, die der Sonntag gewährt. Der Alltag steht im Zeichen der Arbeit, der Leistung, im Unterschiede zur Muße, die der Sonntag verspricht. Er ist nüchtern im Unterschiede zum Feierlichen, das der Feiertag bringt. Der Alltag frißt uns auf im Gegensatz zum Feiertag, an dem man wieder zu sich kommt. Der Alltag zieht uns nach außen, der Sonntag gibt unser Inneres frei. Der Alltag steht im Zeichen der fordernden, zur Leistung zwingenden Welt, der Sonntag gehört uns selbst.

Aber ist das wirklich so? Muß das nur so sein? Gewiß, solange der Mensch sich so an sein Welt-Ich verliert, daß ein Bezug auf die Welt und die in ihr benötigte Leistung ihn selbst und seine Innerlichkeit völlig überschatten. Aber das muß nicht so sein. Es bedarf nur einer grundlegenden Einsicht und alles wird anders, der Einsicht nämlich, daß jede Handlung und gerade die sich ewig wiederholende, gekonnte, neben ihrem äußeren Sinn einen *inneren* Sinn birgt.

Was auch immer wir tun, wir tun es in einer bestimmten *Haltung*. Das, *was* wir tun, gehört der Welt. Im *Wie* bekundet der Mensch *sich* in seiner Haltung. Diese Haltung kann recht sein oder auch nicht: Im Einklang mit dem inneren Gesetz oder ihm widersprechend, der rechten Form des Menschen gemäß oder ihr entgegengesetzt, durchlässig für das Wesen oder ihm verstellt. Denn was ist die rechte Form? Es ist diejenige, in der der Mensch *transparent* ist für das Sein. Transparent heißt: fähig, es zu erleben und es in der Welt zu offenbaren.

*

Ein Brief soll in den Kasten, hundert Schritte entfernt. Hat man nur den Einwurf im Auge, dann sind die hundert Schritte vertan. Ist man als Mensch auf dem «Weg», vom Sinn des Menschseins erfüllt, dann kann man sich auf dem kürzesten Gang, geht man ihn nur in der rechten Haltung und Einstellung, in Ordnung bringen und vom Wesen her erneuern. Und so ist es mit allen Handlungen des Alltags. Je mehr man die Technik beherrscht, die die

Leistung voraussetzt, je weniger Aufmerksamkeit erfordert der Vollzug der Handlung und desto leichter läßt sich der Akzent von außen nach innen verlegen: in der Küche oder am Fließband, an der Schreibmaschine oder im Garten, im Sprechen oder im Schreiben, im Sitzen, Gehen oder Stehen, im täglichen Umgang mit einer Sache oder in der Zwiesprache mit unserem Nächsten. Was es auch sei, wir können es von innen her nehmen und als Gelegenheit zum Recht-Werden wahrnehmen. Wir werden dies freilich nur tun, wenn wir den Sinn des Lebens begreifen und uns ihm verantwortlich fühlen: Daß der Mensch nicht nur den Auftrag zum Erkennen und Meistern der äußeren Welt hat, sondern nicht minder, ja vor ihm, den Auftrag zum inneren Weg. Dann zeigt sich die Wahrheit des altjapanischen Satzes: «Damit etwas religiöse Bedeutung gewinnt, sind nur zwei Bedingungen nötig: ‹Es muß einfach sein und wiederholbar›[1].» Das, was gekonnt ist, entläßt, gerade weil es gekonnt ist, den Menschen aus dem Bann des Ichs, das um den Erfolg noch bemüht sein muß. Es erleichtert auch die Unabhängigkeit vom Beifall der Welt und gibt den Weg nach innen frei. Aber nicht nur die gekonnte Handlung, schon die zum Können hinführende Übung kann dem inneren Werk dienen: in allem und jedem die Verfassung zu pflegen und zu bewähren, die der Bestimmung des Menschseins entspricht. Dann ist der Alltag auch nicht mehr grau, sondern *er* gerade wird zum Abenteuer der

[1] Vgl. Dürckheim, «Die geistige Überwindung des Mechanischen» in «Durchbruch zum Wesen», 3. Aufl., Huber-Verlag, Stuttg.-Bern.

Seele. Die ewige Wiederholung im Außen wird zur nie versiegenden Quelle nach innen; das Feld des Gewohnten wird zum Raum immer neuer Entdeckung, und aus dem mechanischen Tun quillt das Schöpferische auf, das den Menschen von innen verwandelt.

*

In seinem Ich-Weltbewußtsein, das sich in den Ordnungen feststehender Begriffe und Werte entwickelt und darlebt, geht dem Menschen die Fühlung mit dem überweltlichen Sein verloren. In seinem Wesen aber ist und bleibt er eine Weise dieses Seins, das ohne Unterlaß danach drängt, sich in und durch den Menschen in der Welt zu offenbaren. Dies bedeutet dreierlei: Es drängt danach, in seiner Halt und Glück gewährenden Fülle gespürt, in seiner inbildlichen Ordnung wahrgenommen und in seiner die Große Geborgenheit gewährenden Einheit gefühlt zu werden. So ist das Sein, gegenwärtig in unserem Wesen, auch in seinem Drang, in uns bewußt zu werden, das Allerwirklichste überhaupt! Nur für den Menschen, der sich in seinen weltlichen Positionen, seinen rationalen Vorstellungen und festen Gewohnheiten verschanzt hat, ist es nur ein abstrakter Begriff. Dem, der das Sein nicht mehr als das eigentliche Leben von innen her spürt, ist es höchstens ein Gegenstand metaphysischer Spekulation und frommen Glaubens. Für den aber, der die Nebel der Ratio durchstößt, wird es *Erfahrung*. So sind alle religiösen Begriffe und Bilder ursprünglich Interpretationen und Deutungen tiefster Erfahrung.

Wo immer Religion zu einem festen System wohlgeordneter Vorstellungen, Glaubenssätze und Geschichten, das heißt zu einer Lehre wird, an die zu glauben ist, erschwert sie die lebendige Erfahrung des Seins oder entwertet sie zu etwas nur «Subjektivem». Was aber heißt hier «nur subjektiv»? Es geht doch um die innere, die existentielle *Wahrheit* und Wirklichkeit des Menschen als eines erlebenden und erleidenden *Subjekts*, und diese Wahrheit geht *nur* in der inneren *Erfahrung* auf.

Die Zeit ist gekommen, daß der Mensch sich von der Vorstellung befreit, daß nur das wirklich und für ihn verbindlich sei, was sich rational fassen, begrifflich fixieren und einordnen läßt. Er darf und muß vielmehr, wo immer es um ihn selbst und den Sinn seines Lebens geht, als gültig anerkennen, was ihm über allen Zweifel hinaus mit eindeutiger Evidenz beglückend, verpflichtend und verwandelnd als innere Erfahrung aufgeht. Nur etwas, das wir unabweislich in unserer Innerlichkeit erfahren, was uns innerlich berührt und bewegt, kann uns zur Nachfolge «zwingen». Und nur auf Grund der vollen Erfahrung des Wesens können wir dann einmal entdecken, daß auch der gesamte Inhalt unserer gewöhnlichen Weltsicht im Grunde nichts anderes als das eine *Sein* bedeutet. Ja, es *ist* das eine Sein, aber eben in der Verhüllung, Brechung und Verzerrung, in der es sich darstellt, wenn es durch das Prisma des Ichs geht, das alles Lebendige feststellt, nur in Gegensätzen erkennt und am gegenständlich «Objektiven» orientiert ist.

*

Wo die rationale Ich-Sicht sich in unserem Bewußtsein verhärtet, gilt uns nur das noch als «wirklich», was in ihre Ordnungen paßt. Dann aber hat der Mensch die

Fühlung mit dem Sein aus seinem Bewußtsein verloren. Er nimmt nur noch die Wirklichkeit wahr und ernst, als welche sich das Leben in der fixierenden Sicht des Ichs darstellt. Je mehr der Mensch sich auf diese Weise dem Sein verstellt hat, um so mehr ist auch sein Wesen, dessen Leben der uns eingeborene Weg zum Offenbarwerden des Seins ist, verdrängt. Erst das Leiden an dieser Verdrängung macht uns dann reif, jene seltenen Augenblicke *ernst* zu nehmen, in denen das Sein beglückend, erlösend oder verpflichtend, unverhüllt in uns aufblitzt. Wirklich ernst zu nehmen vermag der Mensch solche Erfahrung aber nur von dem Augenblick an, in dem er die ihm Leid bringende, weil seinsverhüllende Wirkung des nur an seiner Stellung in der Welt orientierten Ichs erkannt hat. Und dann kann er daran gehen, dieses Ich zurückzunehmen. Und dann kann er auch offen und frei werden, das große Leben unmittelbar zu spüren, seine Stimme zu hören und alles von ihm her zu verwandeln.

*

Erst durch das Leiden unter der Verfassung, die die Präsenz des Seins verstellt, wird der Mensch gedrängt, sich auf das zu besinnen, was an ihr falsch ist. Erst das Leiden macht ihn reif, sein wahres Wesen einmal wirklich zu spüren und zu vernehmen, wozu es ihn hindrängt. Wird ihm diese Seinserfahrung einmal in einer Sternstunde geschenkt und ist er durch sein Scheitern und Leiden im Welt-Ich zur großen Umkehr bereit, dann steht er vor einem neuen Anfang. Fortan muß er sich dem numinosen Gehalt von Stimmungen und Antrieben öffnen, den er weder verstehen noch erklären, geschweige denn in Begriffe zu fassen vermag, in dem er aber eindeutig und unmittelbar ein Überweltliches verspürt, das ihn heimzieht und aufruft. Er muß lernen, in solchen «Qualitäten» das Sein, das er ja im Wesen selbst ist, zu spüren. Er muß das Organ seiner «übersinnlichen Sinnlichkeit» ausbilden. Er muß lernen, die Fühlung des Seins, wo immer es ihn anrührt, zuzulassen und in ihr zu verweilen. Er muß daran gehen, an der Verfassung zu arbeiten, in der er für das Sein transparent wird und bleibt so, daß sie ihm auch in seinem Dasein als Welt-Ich ein Leben aus dem Sein ermöglicht. Dazu muß er sein Unbewußtes bereinigen, muß abbauen, was das Wesen psychisch und physisch verstellt und zulassen und aufbauen, was ihm entspricht. Und er muß sich üben, diese Verfassung im Alltag zu halten und in der Bewährung zu härten, indem er lernt, das alltägliche Dasein als «Feld der Gelegenheiten» zu nutzen. Alles und jedes kann ihm dann Anlaß werden, die Fühlung mit dem Wesen zu finden und für die Bekundung des Wesens zu nutzen. So vermag dann jede Lage des Lebens der fortschreitenden Verwirklichung des rechten Menschen zu dienen; denn «recht» ist der Mensch nur, wenn er sein Wesen nicht nur in seiner Innerlichkeit vernimmt, sondern ihm auch in seinem leibhaften Dasein mitten im Alltag entspricht. Es genügt nicht, daß er sich seinem Wesen zugewandt nur *«innert»* und in sein Wesen *einlebt.* Es geht vielmehr darum, daß er sich vom Wesen her *äußert* und sich in der Welt wesensgemäß *darlebt* und dieses heißt auch dar-*leibt.*

*

Im Zuge der Wiederentdeckung des Menschen, die das Zeichen unserer Zeit ist, erwacht ein neues Bewußtsein des *Leibes.* Der Sinn, den der Leib für uns hat, hängt ab von dem Sinn, den wir mit unserem Menschsein verbinden. Nehmen wir uns nur im Bezuge zur Welt ernst, die uns allseitig bedrängt, bedroht und zur Leistung auffordert, so hat der Leib nur den Sinn, uns unser Bestehen und Wirken in der Welt «physisch» möglich zu machen. Der Sinn aller Übung des Leibes verengt sich dann auf die Entfaltung und Erhaltung physischer Leistungskraft und Gesundheit zum Zwecke eines reibungslosen Funktionierens. Begreifen wir aber als Sinn des Menschseins die Erfüllung unseres Auftrages, das in unserem Wesen verkörperte Sein offenbar werden zu lassen in der Welt, dann bedeutet die Arbeit am Leibe das Bemühen um eine Verfassung, kraft derer wir auch leibhaftig diesem Sinne gemäß in der Welt «da» sind. So verstanden kann ein Mensch, der auf der Höhe seiner physischen Kraft ist, falsch «da» sein. Gerade in seiner Weise, welttüchtig da zu sein, kann er seinem Wesen leibhaftig verstellt sein. Ein Sterbender aber kann, wo er losläßt und sich gelassen anheimgibt und an sich geschehen läßt, was Sterben als Verwandlung bedeutet, in der rechten Weise «dasein» — dann nämlich, wenn er sich auch leibhaftig in einer Verfassung befindet, in der er durchlässig ist für das Sein, das heißt für das größere LEBEN, das jenseits von Leben und Tod ist und sich wie im Leben, so auch im Sterben offenbart.

*

Wir erkennen heute, daß das, was wir «Physis» und

«Psyche» nennen, nicht zwei getrennte Wesenheiten sind, aus denen der Mensch zusammengesetzt ist. Es sind vielmehr die zwei Weisen, in denen wir ihn in unserer gegenständlichen, immer unterscheidenden Sicht wahrnehmen. Es sind die Weisen, in denen der Mensch sich als Subjekt in seiner personalen Einheit ausdrückt und verwirklicht, das heißt immer zugleich äußert und «innert», darlebt und erlebt. «Was außen ist, ist innen, was innen ist, ist außen.» Die Einheit, die den Gegensatz von Leib und Seele übergreift, ist das personale Subjekt. So auch ist die Erkenntnisweise, die ihm gerecht wird, niemals die gegenständlich fixierende, die aus dem Menschen ein Objekt macht, sondern allein die, die sein Leben inständlich mitvollzieht, ihn als Subjekt ernst-nimmt und als ein Du wahr-nimmt.

*

Als *Subjekt* erfahren wir uns in einem Koordinatensystem, das von anderer Art ist als das, darin wir alles gegenständlich fixieren und ordnen. Denn hier sehen wir alles im *sachlichen Aspekt.* Wir machen alles zum «Gegen-Stand» und so auch uns selbst wie den anderen zu einem «Stück Welt». Sofern wir uns so sehen, müssen wir uns wie alle «Dinge» in feststehende Systeme objektiv gültiger Erkenntnis-, Wert- und Lebensordnungen einfügen und in ihnen funktionieren. Auf uns als Subjekt bezogen steht das Leben im *persönlichen Aspekt.* Das Ganze steht im Zeichen des Lebens, das wir selber *sind* und das seinem eigenen Gesetz nach auf Bewußtwerdung und Verwirklichung, auf Erlösung und Erfüllung drängt. Dann ist «Welt» Feld des persönlichen Lebens. Ihr Bedeutsamkeitsrelief ist als Spiegelung des Menschen, seiner Wünsche und seiner Ängste zu verstehen. Für den Menschen als Subjekt hat auch das Erkennen- und Leben-Müssen im sachlichen Aspekt seinen bestimmten Platz im Ganzen des persönlichen Lebens. Es hat eine bestimmte «persönliche» Qualität, deren Kennzeichen die sachliche Distanz und die mit ihr verbundene «unmenschliche» Kälte ist, die alles objektiv Feststehende hat, woran sich das Lebendige «bricht».

*

Alles was *Leben* ist, steht niemals fest. Seine Ordnung ist kein feststehendes System, sondern eine Werdeordnung. So auch ist der Mensch keine «Figur», sondern eine Zeitgestalt und immer im Werden. Dieses Werden empfängt seinen Antrieb aus der Verheißung, die das Wesen bedeutet, und aus der Not der Verstelltheit, die ihre Erfüllung verhindert. Und *Verheißung und Not* bestimmen den persönlichen Charakter der Welt.

Das *Werden der Person* bedeutet keine nur innere, nur geistig-seelische Entwicklung, sondern immer auch Verwirklichung im Leibe. Aber wir verfehlen den Leib des Menschen als werdender Person, wenn wir in ihm einen Körper, das heißt nur ein Stück Welt sehen und entsprechend behandeln. Als Subjekt ist der Mensch auch in seinem Leibe kein Ding, — auch kein nur biologisch zu verstehender Organismus. Was aber bedeutet «Leib», verstanden als Leib des Subjekts? Er ist die Weise, in der das Subjekt in der Welt da ist, sich sinnlich spürt, sich gibt und verhält! So begriffen kann aber der Leib im menschlichen Sinne auch recht nur verstanden und geübt werden im Hinblick auf die sich in ihm darlebende, immer im Werden begriffene Person, die darauf drängt, sich in rechter, das heißt ihrem Gesetz gemäßer Weise in der Welt zu entfalten und darzuleben.

*

Der «rechte Mensch» ist der, der in der rechten Weise in der Welt *da* ist. Ob er als Person verstellt oder durchlässig, verschlossen oder geöffnet, in Form oder aus den Fugen, in seiner Mitte oder ohne Mitte ist, er ist dies alles immer auch in seiner Weise da zu sein, also auch im Leibe! Jede Gebärde ist eine Selbstdarstellung der Person in der Welt. Wo sie sich wiederholt und immer mehr einfleischt, verwirklicht sie, sei sie schlecht oder recht, auch leibhaftig immer mehr das, was sie ausdrückt. So zeigt der Leib, personal verstanden, in seiner Haltung, im Relief seiner Spannung und Gelöstheit und in der Rhythmik seines Atems und seiner Bewegung immer untrüglich die Station an, an die der Mensch auf dem Weg zum Personwerden gelangt ist. Er zeigt an, wie und wo er sich in seinem *Ich* festgesetzt und an die Welt verloren oder seinem Wesen geöffnet und in lebendiger Bewegung geblieben ist.

*

Die Übung der rechten Verfassung enthält im leiblichen wie im seelischen Sinn immer zweierlei: den *Abbau* dessen, was der Seinsfühlung und ihrer Bewährung im Weg steht, und den *Aufbau* der «Form», die die Seinsfühlung im Annehmen und Horchen bewahrt und im Tun und Wirken bewährt.

Der Einswerdung mit dem lebendigen, immer auf Verwandlung drängenden Sein steht im Weg alles, was in uns *hart* ist. Von frühauf entwickelt der Mensch, in dem Maße als er bewußt wird, eine Daseinsform, in der er als Ich — das unterscheidet ihn ja vom Tier — bewußt und aus Freiheit tun muß, was er unbewußt instinktiv nicht mehr kann. Wo immer nun die Welt ihn bedroht, ihm nicht gemäß ist oder im Stich läßt, bildet er von Kind an «Paßformen» aus, die ihm zwar helfen, sich in der gefährlichen, widrigen und liebelosen Welt zu erhalten, aber, wo sie verhärten, die Fühlung mit seinem Wesen verstellen. An die Stelle des *Urvertrauens* ins Leben tritt dann das Bauen auf das Sicherheit gebende Wissen, Können und Haben; an die Stelle des *Urglaubens* aus unbewußt tragender Ordnung und ungehemmter Entfaltung des Inbildes die Orientierung an vorgegebenen Ordnungen und das Bemühen um eine der Welt genehme Erscheinung; an die Stelle der *Urgeborgenheit* im Sein die Abhängigkeit vom anderen, der uns annimmt, aufnimmt und liebt. Die Ungelöstheit kindlicher Bindungen und das Gefangensein in flacher Gesellung, die innerlich unwahre Anpassung an die Welt und das Sicherheitsbedürfnis des Ichs zeitigen Vorurteile, Formeln des Sich-Gebens und Sich-Verhaltens und Bilder der erstrebten Erscheinung, die in ihrer verhärteten Form erkannt und aufgelöst werden müssen. Ist die Verhärtung zu groß, das heißt neurotisch geworden, bedarf es der Hilfe des erfahrenen Fachmanns. Je mehr aber der Mensch selbst hellhörig wird für die Forderung seines Wesens und die Bereitschaft zunimmt, in die Wahrheit zu kommen, um so leichter erkennt der ernsthaft sich Suchende selbst die Ungemäßheit seiner einseitigen Weltsicht und seiner ihn dem Wesen entfremdenden Verfassung und wird fähig, sie fortschreitend selbst zu verwandeln. Ist er dazu entschlossen, wird ihm der Alltag zur Übung.

*

Die Voraussetzung jeder Übung, die dem inneren Weg dient, ist die Ahnung oder Erfahrung des eigenen Wesens. Ohne Fühlung mit dem Wesen läuft alle Übung in die Irre und mündet in der Sackgasse einer Selbstdisziplin, die um weltlich verstandener «Gesundheit und Tugend» willen die Wesenswahrheit verdrängt. Der Mensch, der noch wesenstaub ist, versteht alle seine Leiden nur von der Welt her, sei es, daß er die Beeinträchtigung einer Leistungskraft nur auf äußere Ursachen zurückführt, sei es, daß er eine innere Not nur als Folge eines Verstoßes gegen die Forderungen einer objektiven Wertordnung, Glaubenslehre oder Autorität versteht. Doch die «tugendreiche» Überformung seines mißratenen Welt-Ichs treibt ihn in noch größere Entfremdung vom Wesen. Jeder Versuch, ein Persönlichkeitsideal ohne Bereinigung des Grundes und ohne Fühlung mit dem Wesen zu verwirklichen, ist zum Scheitern verurteilt. Erst in der Fühlung mit ihm lernt der Mensch spüren, was wurzelecht ist und was die Voraussetzung einer existentiell wahren Selbstverwirklichung ist. Erst in der Wesenserfahrung wird der Mensch vom Seinsgrund bewegt und dem Bilden an der Form erschlossen, die wesensgemäß ist und ihn von allen Paßformen befreit.

*

Niemals könnte der Mensch etwas über das überweltliche Sein und Wesen aussagen, gäbe es nicht Begegnungen, Erfahrungen und Augenblicke, die sich im Hinblick auf die in ihnen erlebte Fülle an *Kraft, Sinn* und *Liebe* und durch die Evidenz eines besonderen Verpflichtungscharakters qualitativ derartig vom gewohnten Welterleben unterscheiden, daß er nicht anders kann, als in ihnen das Offenbarwerden eines Überweltlichen zu sehen. Solche Erfahrungen kann es nur geben, wo das Weltgehäuse durchlässig ist oder einen jähen Durchbruch erfuhr. Das sind dann Erfahrungen, mit denen die «Wende zum Weg» anheben kann. Alle Übungen, die der Verwandlung dienen, stehen, wenn sie nicht der Sterilität eines bloßen Autoritätsglaubens unterliegen, im Zeichen solcher Erfahrungen, in denen als erlösendes und verpflichtendes Erlebnis das LEBEN gegenwärtig, SEIN Innesein wird. Und so auch ist die erste und vornehmste Übung im Alltag, zu lernen, den Gehalt der Augenblicke ernst zu nehmen, in denen ein Unbegreifbares uns anrührt.

*

Es gibt erleuchtende und maßstabsetzende Augenblicke in unserem Leben, in denen wir etwas erfahren, das uns in der Tiefe berührt und von Grund auf erschüttert. Da ist etwas, auf das wir hinhorchen und dem wir gehorchen und treu bleiben müssen, und dies, obwohl, ja gerade weil das hier Erlebte «unerhört» ist und von unserem rationalen Ich eigentlich nicht zugelassen werden kann. So gibt es Augenblicke, in denen die *Angst* vor einer Vernichtung wich, als wir sie annahmen. Und beglückt und erschüttert fühlen wir ein Unzerstörbares in uns, das in seiner Fülle und Kraft ein neues Lebensbewußtsein begründet — und ein neues *Vertrauen* wächst auf. Es gibt andere Augenblicke, in denen wir durch einen Widersinn dieser Welt in die tiefste *Verzweiflung* gerieten, es aber vermochten, das Unbegreifliche zu akzeptieren, und dann gerade im Unbegreiflichen einen tieferen Sinn in uns spürten. Die vordergründige Ordnung der Wirklichkeit, in der wir mit unserem Verstande erkennen und wirken, ist plötzlich übergriffen und durchwaltet von einer anderen, deren tieferer Sinn eben dort, wo wir mit unserem Verstande am Ende sind, aufklingen kann. Dann kann ein schöpferischer *Glaube* an das Leben und seinen Sinn gerade dort erstmalig aufgehen, wo der sich auf Beweise stützende Glaube an Sinn und Gerechtigkeit dieser Welt zerbrach. Ähnliches können wir erfahren, wenn uns ein Schicksalsschlag in der Welt in völlige *Verlassenheit* wirft. Der Mensch ist dialogisch gebaut und kann in Isolierungen nicht leben. Er braucht den Partner; er sucht die *Geborgenheit* in menschlicher Gemeinschaft und Liebe. Wo das Leben ihm das verwehrt oder nimmt, kommt er an eine Grenze, an der er glaubt, eingehen zu müssen. Doch beugt er sich dann, nimmt er es hin, durchstößt er die Verhärtung, mit der ihn das Alleinseinmüssen bedroht, und gibt er sich nach innen anheim, dann kann er erfahren, daß ihn eine unbegreifbare Macht auffängt und, indem sie ihn umfängt, ihn zugleich allseitig öffnet. Verlassen in der Welt, fühlt er sich aus einem Überweltlichen heraus allseitig verbunden und in Liebe geborgen.

In solchen Erfahrungen kann die «Wende zum Sein» beginnen. Es sind Erfahrungen, in denen die Tiefe des Wesens uns anspricht. Sie kann vernehmbar werden, wo das Welt-Ich und die Kräfte versagen, mit denen allein schon der Mensch glaubte, das Leben verstehen, meistern und sich selbst erfüllen zu können. Gerade die Stunden, in denen das Gehäuse zerbricht, das dem Ich Sicherheit, Sinn und Geborgenheit in der Welt geben sollte, enthalten die Chance, daß der Mensch, wenn er hier das ihm vom Ich her Unannehmbare annimmt, sich unvermutet von jenem Sein getragen, mit Sinn erfüllt und geborgen erfährt, das sich der Fassungskraft seines gewöhnlichen Bewußtseins entzieht.

*

Es gibt die *Erfahrung eines größeren Lebens,* die uns befähigt, dem Tode ins Auge zu schauen. Es gibt Augenblicke, in denen wir einen höheren Sinn spüren, obwohl wir eben noch an einer Sinnlosigkeit verzweifelten. Es gibt andere, in denen wir uns plötzlich mit allem eins fühlen, obwohl wir in der Welt von allem verlassen sind. Das alles sind Augenblicke, die die Vorherrschaft des Koordinatensystems unseres gewöhnlichen Welterlebens aus den Angeln heben. Und doch, ja gerade deshalb, sind es Sternstunden unseres Lebens. Aber ihre verwandelnde Wirkung fällt leicht dem stets sprungbereiten Teufel zum Opfer, dem Teufel in Gestalt unserer Skepsis, die den Wirklichkeitsgehalt jedes Erlebens fragwürdig macht, das sich nicht «einordnen» läßt.

Es sind nicht nur die angstvollen und verzweifelten Stunden des Lebens, in denen jenseits der Grenze unserer eigenen Weisheit und Kraft ein Unendliches in uns seine Wirklichkeit kundtut. Es gibt auch die Augenblicke eines überschwenglichen Glücks, das in seiner Unendlichkeitsqualität, in der uns die Fülle des Seins anrührt, etwas völlig anderes ist als der Superlativ einer weltlichen Lust.

Aber es sind überhaupt nicht nur die weithin leuchtenden und unvergeßlichen, sei es erschütternden oder beglückenden Sternstunden unseres Lebens, in denen das Sein ins Innesein tritt, aus dem wir im Grunde immerzu leben. Es gibt die weniger herausragenden Augenblicke und Stunden, in denen wir uns unerwartet in einem besonderen Zustand befinden, worin, von uns unverstanden, das Sein uns berührt. Ganz plötzlich ist uns eigenartig zumute. Wir sind ganz gegenwärtig, ganz da — und doch nicht auf etwas Bestimmtes gerichtet. Wir fühlen uns in eigentümlicher Weise «rund», in uns «geschlossen» und doch zugleich in einer Weise geöffnet, in der sich eine große innere Fülle auftut. Wir sind wie schwebend und bewegen uns doch sicher und ausgeglichen auf der Erde. Wir sind wie abwesend und doch ganz da und voller Leben. Wir ruhen ganz in uns selbst und sind doch zugleich allem zuinnerst verwandt. Wir sind allem enthoben und zugleich in allem darin, sind allem verbunden und haften an nichts. Wir fühlen uns in unbegreiflicher Führung und zugleich frei. Wir fühlen uns aller Dinge und Ansprüche ledig, sind arm in der Welt und doch von innen gefüllt bis zum Rand, mächtig und reich. In solchen Augenblicken fühlen wir uns durchwirkt von etwas Kostbarem, das zugleich sehr zerbrechlich ist. So kommt es wohl, daß wir uns unwillkürlich nur behutsam bewegen, uns hüten, anzuhalten und allzu genau hinzublicken auf das, was uns geschieht. Ein Urwissen macht sich bemerkbar, daß das warme Halbdunkel des wachen Gemütes hier mehr am Platz ist als der kalte Strahl unseres fixierenden Bewußtseins, der alles Lebendige einfriert. Es ist, als hörten wir dann eine Stimme der Mystiker, die sagt: «Sehen, als sähe man nicht, hören, als hörte man nicht, fühlen, als fühlte man nicht, haben, als hätte man nicht!» Aber das Wundersame vergeht. Mit einemmal ist es weg. Es genügt, daß wir uns wundern und fragen: Was ist das? Und es verschwindet. Was auch immer geschieht, von außen oder von innen, das uns aufmerken läßt und unser Bewußtsein, das eben noch einer breiten *Schale* gleich war, die, ohne zu fragen und festzustellen, nur einfach aufnimmt, zum Strahl macht, der spitz wie ein *Pfeil* das Erlebte als etwas Bestimmtes festnagelt — die Welt, eben noch wie verzaubert und seltsam mit uns verwoben, sinkt in die gewohnten Ordnungen zurück. Und verarmt stehen wir dann, auf uns selber gestellt, wieder der alten Welt gegenüber. Das soeben Gespürte schwindet wie ein Geträumtes dahin. Und doch *war* es kein Traum! Es war die Bezeugung der wahren, der eigentlichen Wirklichkeit, die für einen Augenblick in uns aufgehen konnte, weil wir geöffnet waren und frei von den Fesseln, in die unser gewöhnliches Bewußtsein uns schlägt. In solchen Erfahrungen überschreiten wir unser gewöhnliches Bewußtsein und erfahren etwas, das transzendenter Natur ist. Sei diese Erfahrung auch noch so kurz, vielleicht währt sie nur den Bruchteil einer Sekunde, sie hebt mit zwingender Evidenz jenes Leben ins Innesein, das all unser gewöhnliches Ich-Welt-Erleben übertrifft und übergreift. Es ist das LEBEN, dem wir im Wesen gehören, ja, das wir als Wesen sind und auf dessen Offenbarwerden unsere tiefste Sehnsucht immerzu hinzielt.

*

Um das, was in Seinserfahrungen aufgeht, als Wirklichkeit anzuerkennen, bedarf es nichts anderes als der «heiligen Nüchternheit» eines empirischen Realismus. Es ist ein «transzendentaler Realismus»[1], der sich nicht durch unsere Begriffe und rationalen Bewußtseinsordnungen einnebeln oder abwürgen läßt, sondern die einmalige, nie einzuordnende «Qualität» des Erfahrenen stehenläßt, annimmt und auskostet und gerade im Unbegreiflichen die wahre Wirklichkeit ahnt. Diesen Realismus in großer Wachsamkeit und steter Bereitschaft zu üben, zu lernen, insgeheim immer gewärtig zu sein des Seins, das uns in allem, was uns begegnet, heimsucht, stetig an dem Gefäß zu arbeiten, das aufnimmt, was es uns schenkt, das ist die Übung, mit der wir den Tag beginnen und auch beschließen müssen. «Lern den Tag zu Ende leben als ein Stück der Ewigkeit», sagt der Dichter[2].

Es geht um eine *Kultur der inneren Erfahrung*, die nur das Ergebnis eines Übens sein kann, das sich nicht auf besondere Übungen beschränkt, sondern den alten Spruch wahrmacht: «Jeder Augenblick ist die beste aller Gelegenheiten.» Alles und jedes wird Gelegenheit zum

[1] Vgl. Evola, «Über das Initialische». Antaios VI, No. 2, 1964.
[2] R. Haldewang, Bonz-Verlags-Buchhandlung, Stuttgart.

Üben auf dem inneren Weg, auf dem wir in echter Fühlung mit dem Wesen und Sein uns fortschreitend zur Person hin verwandeln, deren Transparenz für das Sein uns die Erfüllung unserer Bestimmung ermöglicht.

*

Die erste Voraussetzung aller rechten Übung ist, daß man verstanden hat, was rechtes Üben bedeutet: Nicht Üben eines Könnens im Dienst einer von der Welt her geforderten Leistung, sondern Exerzitium auf dem inneren Weg! Die Übung zur Leistung erledigt sich, wenn man das Geübte kann. Die Übung auf dem inneren Weg beginnt erst, wenn man das Geübte kann, und besteht in seiner ewigen Wiederholung. Wo die Technik einer Leistung vollendet beherrscht wird, spiegelt jede Wiederholung des Gekonnten die Haltung des Übenden wieder. Jeder Fehler im Vollzug bedeutet eine Fehlhaltung des Übenden. Ist dies erkannt, dann kann die Bemühung um den reinen Vollzug zu einer Arbeit des Menschen an sich selbst werden[1]. So wird auch die Übung der wesensgerechten Haltung und des naturgegebenen Atems zu einem Exerzitium erst dann, wenn man sie technisch beherrscht. Und in der ewigen Wiederholung ihres wesensgemäßen Vollzuges wächst der innere Mensch. So erst wird der Alltag zur Übung.

Die zweite Voraussetzung der Übung, als Dauerexerzitium verstanden, ist, daß der Mensch bereit und wirklich entschlossen sei, sein Leben in der Welt im Zeichen

[1] Vgl. Dürckheim, «Sportliche Leistung — Menschliche Reife», 2. Aufl. 1966. Limpert-Verlag Frankfurt.

seiner Bestimmung zu führen, d. h. im Dienst an einem überweltlichen Sein zu leben. Er muß begriffen haben, daß er nur in der Treue dieses Dienstes heil werden kann und sich für diesen Dienst entschieden haben. Solange er nur seiner Sicherheit und seinem Glück in der Welt lebt, kann er das Rechte nicht finden. Nur wenn es ihm in *allem* Erkennen und Wirken um das Offenbarwerden des LEBENS in der Welt geht, gelangt er auf den WEG. Und dann verwandelt der Alltag sich zu einem einzigen Felde der Übung. Solange der Mensch in der Übung etwas für sich sucht, was es auch sei: Gewinnung höherer Fähigkeiten, schöne Erlebnisse oder auch Gelassenheit, Harmonie oder selbst sein eigenes Heil, verfehlt er den WEG.

*

Alle wahre Übung ist ein fortgesetztes Sich-Bereiten zu jener Verfassung, in der dann das «Leben im Dienst am Sein» zur zweiten Natur wird. So hart dieser Dienst zunächst dem zu sein scheint, der dem Sein verschlossen ist und noch aus seinem Welt-Ich heraus lebt, so beglükkend und befreiend sind die Erfahrungen, die alsbald dem zuteil werden, der ernsthaft zum Weg antrat.

Der innere Weg und die Übung, in der wir auf ihm voranschreiten, ist etwas anderes als die Übung von Haltungen, in denen der Mensch sich zuchtvoll bemüht, im Kampf gegen seine Natur, ichlos einer Sache oder einer Gemeinschaft zu dienen. Es geht nicht nur um eine Zucht und eine Tugend, durch die der Mensch seiner Triebe Herr wird und seine Natur überwindet. Es geht auch nicht nur um die Gewinnung der Tugenden, in denen der

Mensch sein kleines Ich im Dienst an Gemeinschaft und Werk in der Welt einklammert. Es geht auch nicht um die Persönlichkeit, die ihr Gesicht verliert, wenn sie in der Welt scheitert und ihre Ehre verliert, wenn sie ihr Werk verdirbt oder als Glied einer Gemeinschaft versagt. Dies alles sind notwendige Schritte auf dem Wege des Werdens und Reifens. Auf dem *Weg* mündet der Mensch aber erst dort ein, wo die letzte Instanz, der er gehorcht, nicht mehr eine in der Welt gültige Ordnung von Werten ist, sondern das in seinem Wesen lebendige Sein, das in ihm und durch ihn offenbar werden will in der Welt. Dem genügt auch das einwandfreie und zuverlässige Verhalten nicht, wenn es lediglich das Ergebnis einer ethischen Zucht, aber nicht Ausdruck eines Wesens ist, das sich kraft bereinigten Grundes frei darin auswirkt.

*

Die Übung auf dem inneren Weg ist allem zuvor die Übung eines Sich-Aufschließens für das in der Innerlichkeit erfahrbare Wesen, aus dem das Sein spricht und ruft.

Von früh bis spät ruft die Welt uns nach außen, will als Welt erkannt und gemeistert werden. Das Wesen ruft uns fortgesetzt von innen und nach innen. Die Welt verlangt von uns Wissen und Können. Das Wesen verlangt von uns, daß wir das Gewußte und Gekonnte immer wieder im Dienste des Reifens vergessen. Die Welt verlangt von uns, daß wir fortgesetzt etwas machen. Das Wesen verlangt von uns, daß wir das Rechte einfach nur zulassen. Die Welt treibt uns und hält uns, ohne Ruhe zu geben, in Gang, auf daß wir zu etwas Feststehendem kommen. Das Wesen verlangt von uns, daß wir, ihm zugewandt, nirgendwo haften, damit wir uns nicht im Stehenbleiben verfehlen. Die Welt hält uns an zum Reden und unablässigen Wirken. Das Wesen verlangt, daß wir stille werden und tun, ohne zu tun. Die Welt zwingt uns, an Sicherungen zu denken. Das Wesen ermuntert uns, uns ständig aufs Neue zu wagen. Die Welt fügt sich uns, wenn wir sie verstehen und begreifen. Das Wesen öffnet sich uns, wenn wir das Unbegreifliche aushalten. Die Tragkraft des Wesens bewährt sich, wenn wir das, was uns in der Welt hält, wieder lassen, und das Wesen erneuert und verwandelt uns nur, wenn wir uns von dem, was uns in der Welt reich macht, wieder trennen.

*

Übung im Alltag bedeutet immerzu Einkehr und Umkehr, Loslassen der Welt und Zulassen des Wesens. Und wenn wir den innersten Kern unseres Selbst einmal fühlen und in uns das Wesen erwacht — dann spüren wir auch das Wesen der Dinge, und mitten im weltlichen Dasein begegnet uns allenthalben das Sein.

Wenn das Wesen ins Innesein tritt, fühlen wir uns anders. Wir sind gelöst und befreit, geladen mit Kraft, hell und erfüllt von zeugendem Leben. Was uns eben noch Last war, verliert sein Gewicht, was uns eben noch in Angst warf, bedrängt uns nicht mehr. Was uns in Verzweiflung warf, verliert seinen Stachel. Wo alles verstellt war, scheint alles nun offen. Wo wir eben noch arm waren, fühlen wir uns reich, und mitten im Lärm wird es in uns seltsam friedvoll und still. Wir fühlen uns wie getaucht in ein unsichtbares Licht, das uns hell macht und warm und befinden uns in einem alles durchschimmernden Glanz. Das alles kann schlagartig da sein, doch ebenso schnell wieder verschwinden. Wir können es nicht machen noch halten, aber wenn wir recht hingehorcht haben, können wir uns der Haltungen innewerden, die solche Erfahrung verhindern, und ebenso jener anderen, die uns für solches Erleben bereiten.

Am Anfang aller Verwandlung steht das Bereitwerden zum Spüren, Ernstnehmen, Annehmen und Zulassen der Gestimmtheiten und Impulse, in denen das Wesen sich auftut. Diese Verwandlung betrifft immer den Menschen als ganzen. Einmal muß das wirklich begriffen werden, was es bedeutet: Sich selbst und den anderen ernst zu nehmen in der Ganzheit, Tiefe und Einheit des personalen Subjekts. Dann erst wird man sich in der rechten Weise sowohl um die Bereinigung des inneren Lebens als auch um die Richtigstellung der äußeren Haltung bemühen. Hat man aber verstanden, daß Physis und Psyche nur zwei Seiten sind der Weise, in denen sich das Subjekt immer zugleich innert und äußert, so weiß man, daß man, wo immer man am Inneren ansetzt, den Leib mitverändert und, wo immer man den Leib verändert, zugleich eine innere Veränderung herbeiführt.

*

Zwei Fehlhaltungen sind es vor allem, die die Selbstverwirklichung aus dem Wesen verhindern: *Verkrampfung* und *Aufgelöstheit.* In jener äußert sich die Verhaftung in einem den Kräften der Tiefe entfremdeten und immerzu auf seine Sicherheit bedachten Ich. Aus dieser spricht ein Mangel an Gespür und Verantwortung für die dem Wesen gemäße und seine Auszeugung ermöglichende und darstellende Form.

So wie Verkrampfung und Aufgelöstheit (das Sich-gehen-Lassen) jede Genesung von Krankheit behindern, so stehen sie auch dem Heilwerden des Menschen, seiner personalen Selbstverwirklichung, im Wege. Jeder muß einmal erkennen, in welchem Ausmaß das Pendeln zwischen diesen zwei Zuständen die Kernung verhindert. Und jeder, der es ernst meint, muß sich um die Überwindung dieser ärgsten Widersacher der rechten Verfassung bemühen.

In jeder Verkrampfung blockiert ein Übermaß an Eigenwille und nie nachlassende Steuerung und Beobachtung des allzu wachen Ichs jene wesensgemäß wirkenden Kräfte, die nach eigenem Gesetz im Verborgenen walten. Um ungestört wirken zu können, bedürfen sie eines Grundvertrauens, darin der Mensch sich zuversichtlich dem in seinem Wesen anwesenden schöpferischen und erlösenden Sein überläßt. Jede Verkrampfung ist Ausdruck eines Mißtrauens gegenüber dem göttlichen Sein.

In der Aufgelöstheit läßt der Mensch sich gehen und fällt aus der Form. Zum rechten Menschen gehört aber immer jenes Maß an Gestaltgewissen, das die Formlosigkeit ausschließt. So zeigt die rechte Verfassung stets ein Ineinandergreifen von vertrauensvollem Geschehenlassen und selbstverantwortlichem Mittun. Den meisten Menschen fehlt beides, und so fehlen ihnen die zwei wichtigsten Voraussetzungen der rechten Verfassung: *gelassene Durchlässigkeit* und *inbildgemäße Form.*

*

Es entfaltet und verwirklicht sich der Mensch, verstanden als Person, Leib und Seele umgreifend, in jeder *Ausdrucksgebärde,* vor allem aber in seinen *Haltungen,* seinem *Spannungscharakter* und in seinem *Atem.* All dies ist nie nur «körperlich» zu verstehen. Fehlhaltungen, Fehlspannungen und Fehlatem sind Erscheinungsweisen der Undurchlässigkeit und Ungeformtheit des ganzen Menschen. Nur darum können wir auch in der Übung an der rechten Haltung, an der rechten Spannung und am rechten Atem zum Rechtwerden des ganzen Menschen ansetzen. Und eben diese Erkenntnis ist es, die uns das weiteste und jedem zugängliche Feld öffnet, auf dem der Alltag selbst zur Übung gemacht werden kann: Das leibhaftige Da-Sein und Verhalten in der Welt.

*

Die rechte *Haltung* des Menschen ist immer bestimmt durch den «rechten Schwerpunkt». Zu den eingefleischten Fehlhaltungen so vieler Menschen gehört die Verlagerung des Schwerpunktes zu weit nach oben. Wir finden dies dort, wo das «Brust heraus — Bauch herein» herrscht, sowie in den hochgezogenen Schultern. In solchen Fehlhaltungen begegnet uns etwas, das keineswegs «nur körperlich» und daher nicht so wichtig ist. Sie sind vielmehr Ausdruck einer personalen Selbstbetonung, Abwehr und Sicherung des Menschen, der sich voll mit seinem kleinen Ich identifiziert und sich daher vor allem selbst wahren, seine «Stellung» halten, seine Position sichern will. Wo diese Fehlhaltung eingefleischt ist, blockiert sie die lösende, erneuernde und erhaltende Kraft aus der Tiefe. Die Gegenform zu dieser Haltung, häufig mit ihr im

Wechsel zu sehen, ist das Zusammenfallen oder Zusammensacken des Menschen. Hier ist das Inbild des aufrechten Menschen vertan. In solcher Aufgelöstheit bekundet sich ein Mangel an Gefühl und Verantwortung für die rechte Form, ohne die das Wesen nicht in Erscheinung treten kann.

*

Wer sich der Wesenswidrigkeit und also Heillosigkeit seiner Fehlhaltung voll bewußt wird und, um wesensgemäße Entwicklung und Reifung bemüht, daran geht, mit Stetigkeit den rechten Schwerpunkt zu üben (wozu der ganze Tag Gelegenheit bietet), wird bald eine tiefgreifende Veränderung spüren. Der Japaner hat einen eigenen Begriff für den Raum der richtigen Mitte des Menschen: *Hara*. Das Wort «Hara», vielen von uns durch den Begriff «Harakiri» vertraut, bedeutet wörtlich «Bauch». Im übertragenen Sinn jedoch bedeutet Hara diejenige Gesamtverfassung des Menschen, in der er gelöst vom kleinen Ich — befreit von seinem Herrschaftsanspruch und seiner Schmerzscheu, seinem Sicherungswillen und seinem Dünkel — in der rechten Mitte verankert ist. Es ist dies die Mitte, die ihn offenhält für die ihn unbewußt verwandelnden, tragenden, formenden und bergenden Kräfte des Seins und die ihn zugleich befähigt, diese Kraft aus dem Wesen als Leistungs-, Gestaltungs- und Liebeskraft in der Welt zu bewähren[1].

Die Übung des rechten Schwerpunktes, das heißt jener

[1] Vgl. Dürckheim, «Hara, die Erdmitte des Menschen», 3. Aufl. 1966. O.-W. Barth-Verlag.

basalen Mitte, die uns zugleich löst, trägt und in wesensgemäßer Weise «aufrecht» sein läßt, ist *die Grundübung* für alles rechte «Da-Sein in der Welt». Es ist die Übung, darin das Ganze vom Bauch, Becken und Kreuz zum zuverlässigen Wurzelraum der rechten Haltung wird. Die Übung zur gelösten und zugleich gefestigten Mitte macht alles Gehen, Stehen und Sitzen zur Bezeugung wesensgemäßen Daseins. Für diese Übung ist wirklich der ganze Alltag das Feld; denn wenn wir, wo auch immer im Gehen, Stehen oder Sitzen, Hara vergessen, ist es mit unserer personalen Präsenz vorbei. Wer sich oben im Ichraum verfestigt, bleibt dem Wesen verschlossen, wer sich «nach unten» hin auflöst, entbehrt, auch wo es ihn anrührt, der es bezeugenden Form.

*

Es gibt kein Tun, das unsere gezielte Aufmerksamkeit fordert und unseren Willen beansprucht, das nicht das Halten der Mitte, das Da-Sein im Hara gefährdet. Wo immer wir zielbezogen «bestrebt» sind oder aufmerksam etwas fixieren, also vom Welt-Ich aus da sind, geraten wir leicht aus der Fühlung mit unserer Mitte. Jegliche «Arbeit» und jegliches zielbezogene Handeln verleitet uns, wenn wir nicht im Hara geübt sind, den Schwerpunkt nach oben hin zu verlagern. Und eben darum ist *jedes* Tun Gelegenheit, sich in der rechten Haltung zu üben. Jeder Augenblick gibt uns Gelegenheit, die Verfassung zu festigen und zu bewähren, die uns von der Vorherrschaft des nur weltbezogenen Ichs frei macht und vom Wesen her da sein läßt. Und in dem Maße, als uns dieses gelingt, geht uns auch jede Arbeit leicht von der

Hand. Was wir können, steht uns zur Verfügung, das Werk gelingt, und im Umgang mit Menschen sind wir gelassen, unbefangen und frei.

*

Spannung — Entspannung. Gespanntheit und Gelöstheit sind zwei Seiten jedes lebendigen Ganzen. Der Mensch unserer Zeit aber pendelt zwischen den sich ausschließenden Zuständen «Verspannung — Auflösung» hin und her. Auch wo er von Entspannung redet, sucht er in Wahrheit oft nichts als die entgrenzende Auflösung — nur um sich alsbald wieder neu zu verspannen. Was wir lernen und immer wieder üben müssen, ist eine Gelöstheit, die nicht auflöst, sondern im Gegenteil wesensgemäße Spannung und neue Formwerdung auslöst. Der Sinn jeder rechten Entspannung ist nicht eine wohlige Aufhebung jeglicher Spannung, sondern eine Umspannung zur rechten Spannung hin. Dieses Entspannen ist aber ebensowenig wie die Übung der rechten Mitte eine nur körperliche, technische Übung, sondern meint immer eine personale Verwandlung. Wir müssen lernen, *uns* — nicht unseren «Körper» — in der rechten Weise zu lösen. Dies bedeutet mehr als nur eine Entspannung der Muskulatur. Die Schultern fallen zu lassen oder aber «sich in den Schultern loszulassen» ist grundsätzlich zweierlei. Jenes ist eine technische Übung, deren Erfolg rein äußerlich ist und ohne bleibende Wirkung; dieses ist eine Umstellung der ganzen Person. Jede Verspannung ist Ausdruck einer Befangenheit im weltabhängigen Ich. So geht es darum, daß wir lernen, uns als Ich loszulassen, und dies nicht nur dann, wenn wir ausgesprochen verspannt sind oder erschreckt oder ärgerlich «hochgehen» und uns abwehrend oben festhalten, sondern *immer.*

*

Jedes Loslassen desjenigen Ichs, das uns in der Verspanntheit festhält, führt eine leibhaftige Veränderung des ganzen Menschen herbei. Die Fehlspannung wird uns oft nur als körperliche Verspannung bewußt. Wir müssen ihrer aber als personaler Fehlhaltung gewahr werden und lernen, uns selber in unserer Gesamthaltung loszulassen. Nur dann werden wir allmählich *gelassen.* Den Halt, den die oben, im Ichraum zentrierte Spannung verleiht, kann man, ohne auseinanderzufallen, nur fahrenlassen, wenn man sich «woanders», das heißt in der rechten *Mitte,* niederzulassen und zu verankern gelernt hat.

*

So wie die Übung der rechten Spannung, so auch wird die *Übung des Atems* in ihrem eigentlich menschlichen Sinne verfehlt, wenn man sie ausschließlich als eine körperliche Übung betrachtet, die der Gesundheit oder der Steigerung der Leistungskraft dient. Es ist ein trauriges Zeichen, wenn man unter dem Atem nichts anderes mehr versteht als ein Einziehen und Ausblasen von Luft. In Wahrheit ist der Atem der Odem des Großen Lebens, der alles Lebendige durchwaltet und so auch den Menschen als ganzen Menschen bewegt, ihn also als Seele, Geist und Leib lebendig erhält. Er ist die Bewegung, darin der Mensch sich öffnet und wieder schließt, sich hingibt und wieder zurückempfängt, sich läßt und wieder findet etc. Wenn der Atem nicht in Ordnung ist, ist der ganze

Mensch nicht in Ordnung, nicht nur sein Leib. Jede Störung des Atems zeigt eine Gestörtheit des ganzen Menschen auf dem Weg zu sich selbst an. Schlechter Atem beeinträchtigt die Leistungskraft. Aber die Blockade des Wesens, die sich in ihm ausdrückt und eingefleischt hat, wirkt sich auf die gesamte innere Entwicklung aus. So wie sich aber im falschen Atem die Verstelltheit des Wesens nicht nur ausdrückt, sondern fortschreitend verhärtet, so bedeutet der rechte fließende Atem, daß der Weg zur Entfaltung aus dem Wesen frei ist.

Der verbreitetste Fehler des Atems ist der, daß der Mensch nicht aus seiner Mitte atmet, sondern zu weit oben, so daß die unbewußte Tätigkeit des Zwerchfells durch eine Tätigkeit der Brustmuskulatur ersetzt ist. Dann ist an die Stelle des natürlichen Wesensatems der widernatürliche Ichatem getreten, durch den der Mensch bewußt oder unbewußt *macht,* was, wenn es wesensgemäß ist, von selber geschieht. Wo sich dieser Fehlatem einmal eingespielt hat, steht er der Personwerdung im Wege; denn die Fehlhaltung, die hier vorliegt, betrifft nicht nur den Atem, sondern drückt eine Grundformel aus, die den ganzen Menschen als Subjekt beherrscht und ihn rundherum in seiner Wesensentfaltung verhindert.

*

Es gibt vielerlei Atemübungen, von Menschen erfunden und für vielerlei Zwecke von Nutzen. Über ihre Richtigkeit kann man streiten. Aber es gibt nur eine unbestreitbare Übung *des* Atems, der nicht vom Menschen erfunden, sondern ihm eingeboren und wesensgemäß ist: Ihn zuzulassen! In dieser Übung geht es nur darum, dem

Atem seine naturgegebene Form zu erhalten oder wiederzugeben und das bedeutet: zuzulassen, was uns von selbst ohne unser Zutun als ganz natürliches Ausströmen und Einströmen im Geben und Nehmen rhythmisch bewegt. Angesichts der durch die Herrschaft des Ichs betonten Fehlform, bei der wir unwillkürlich dem vollen Ausströmen Widerstand leisten und dann den Atem einziehen, besteht die für die meisten förderliche Grundübung des Atems vor allem in einem Zulassen des vollen Ausatems. Dann kommt der rechte Einatem ganz von allein. Auch das darf nicht im Sinne einer Körperübung erfolgen, sondern so, daß wir *uns selbst* vertrauensvoll und ohne Reserve in den ausströmenden Atem hineingleiten lassen. Im vollen Ausströmenlassen des Atems bekundet sich das Vertrauen zum Leben. Verhalten ist der Atem bei dem, der sich selbst und dem Leben mißtraut! So also handelt es sich, wie bei der Übung der rechten Haltung und der rechten Gelöstheit, auch bei der Übung des rechten Atems allem zuvor um ein Loslassen des sich ewig festhaltenden und sichernden Ichs. Nur so kommen wir aus unserer hochgeschraubten Verschlossenheit und Verspanntheit heraus und werden aufgeschlossen gegenüber unserem Wesen und in der Wiedereinswerdung mit ihm frei zur Gewinnung der unserem Inbild entsprechenden Gestalt.

*

Das Glück des Menschen als Person hängt ab von der Erfüllung seiner tiefsten Sehnsucht. In ihr vernimmt der Mensch das in seinem Wesen zur Manifestation drängende göttliche Sein. Das, was er im Grunde ersehnt, ist das, was er seinem Wesen nach ist und sein soll, und sein Glück hängt davon ab, daß er seiner Wesens-Bestimmung entspricht. Er entspricht ihr aber nur in dem Maße, als er sie in seinem alltäglichen Leben in Freiheit erfüllt.

Die Welt, in der wir leben, ist nicht das Jammertal, das uns von den Gipfeln des Göttlichen fernhält, sondern die Brücke, die uns mit ihm verbindet. Wir müssen nur die Bewußtseinsnebel, die uns die Sicht zu ihm nehmen, durchlichten und die Mauern einreißen, die uns den Weg zu ihm versperren. Das aber bedeutet, den Alltag als Übung zu leben. Dazu bedarf es keiner besonderen Zeit. Jeder Augenblick ruft uns zur Besinnung und zur Bewährung. Und es gibt kein Tun, welchem äußeren Zweck es auch diene, das für uns nicht die Chance enthielte, uns immer tiefer in die Wahrheit zu geben. Was immer wir tun, ob wir gehen, stehen oder sitzen, ob wir schreiben, sprechen oder schweigen, ob wir angreifen oder uns verteidigen, helfen oder dienen, welchem Werk es auch sei, alles und jedes birgt in sich die Chance, es in einer Haltung und Einstellung zu vollziehen, die immer mehr die Fühlung mit dem Sein herstellt und festigt. Diese Chance aber nehmen wir wahr in der Übung der *reinen Gebärde*.

DIE HEILENDE KRAFT DER REINEN GEBÄRDE

Das Reifen und Mündigwerden des Menschen ist eine Entwicklung, die sich nicht wie das Reifen der Frucht im Raum der Natur von selbst vollzieht, sondern der Mitwirkung des Menschen bedarf. Im Raum der natürlichen Triebe erfüllt sich der Drang im einfachen Zulassen der Bewegung, zu der unsere Natur uns hintreibt. Es genügt, sich dem Trieb zu überlassen, der einen mit elementarer Kraft ergreift, und die Trieberfüllung geschieht. Im Raume des Geistes ist es ganz anders. Auch hier ist das Ergriffenwerden von einem Impuls die Voraussetzung der Bewegung. Aber die Welle der Bewegung verebbt, wenn der Mensch das ihn Ergreifende nicht von sich aus ergreift, sich für seine Verwirklichung bindend entscheidet und treu die Bewegung vorantreibt.

*

Fortschreiten im Geiste bedeutet immer *Verwandlung*. Jede Verwandlung erfordert die Preisgabe von etwas, das die bisherige Lebensform trug. So müssen wir zum Beispiel eine Gewohnheit, einen Anspruch, eine Einstellung, eine in leidvoller Entwicklung glücklich gewonnene theoretische oder praktische «Position» drangeben. Zuletzt geht es darum, die so selbstverständliche Vorherrschaft der «natürlichen» Sicht unseres Welt-Ichs aufzugeben. Weil die Preisgabe von allem, womit man unbewußt und aus Gewohnheit so selbstverständlich geeint war, so schwer ist, ist alle Verwandlung im Geiste Arbeit und noch einmal Arbeit. Dies meint nicht nur innere

Übung, sondern auch Übung in der Weise, *da* zu sein, also zusätzlich auch Übung im Leibe! Eine Grundübung, deren Sinn die Verwandlung ist, ist die *Meditation.*

*

Alle echte Meditation geht über zwei Stufen. Sie beginnt mit der *Konzentration,* in der der Mensch sich selbst vom Willen her zusammennimmt und die Kraft seines fixierenden Ichs auf das Insgesamt dessen richtet, woran, worin und wozu sich die Verwandlungsübung vollzieht. Diese Konzentration erfolgt mit den Kräften des Ichs, das gegenständlich fixiert, unterscheidet und etwas will. In der Konzentration setzt sich der Mensch mit dem Gegenstand seiner Meditation auseinander. Diese Auseinandersetzung geschieht als waches Erkennen seiner eigenen Fehlform und der Störfaktoren seines Inneren, oder im Begreifen und klärenden Wahrnehmen des Gegenstandes, der zum Meditieren gewählt ist, sei es ein Bild, ein Wort, der Atem oder was sonst. Alles vollzieht sich in der Spannung von Subjekt und Objekt. Ohne diese vorangehende konzentrative Spannung, ohne diese Zuspitzung, die den ganzen Menschen in sich und auf etwas hin versammelt, gibt es keine Meditation, aber dieses alles *ist* noch nicht Meditation.

Meditation beginnt erst dort, wo das vom Ich Ergriffene das Ich ergreift und aus der gegenständlichen Auseinandersetzung eine inständliche Ineinandersetzung wird. Hierbei verwandelt sich die Form des Bewußtseins vom männlich-aktiven, sich auf etwas hinrichtenden Pfeil zur weiblichen Schale, die aufnimmt und sich ohne aktives Zutun des Ichs füllt. Aus einer Aktion wird eine Passion.

«Meditation» kommt von «meditari», bedeutet also ein Zur-Mitte-hingegangen-*Werden*, nicht ein aktives Zur-Mitte-hin-*Gehen*. Diese «Mitte» ist aber nicht etwas, worauf sich, wie auf einen Gegenstand der Mensch konzentriert, sondern etwas, das den Menschen konzentriert, indem es ihn von innen her und nach innen hin versammelt. Diese Mitte ist letztlich das eigene Wesen, der transzendente Kern des Meditierenden selbst. Zuletzt wird die Mitte als ein Zustand erfahren, in dem sich der Gegensatz von Subjekt und Objekt immer mehr auflöst. Dem Zustand der Lösung folgt das Gefühl einer Kernung. So tritt allmählich das Wesen selbst ins Innesein und wird schließlich als das im Sein verankerte Lebenszentrum eines neuen Weltbewußtseins gespürt. Der Mensch fühlt sich wie neugeboren.

*

Die Verwandlung, um die es in der Meditation geht, vollzieht sich als Prozeß. Der Identifikation mit dem Welt-Ich folgt die Identifikation mit dem Wesen. Erst aus der Integration vom Welt-Ich und Wesen kommt es zur Artikulation, zum wahren Selbst, d. h. zur *Person*, die das Wesen im transparent gewordenen Welt-Ich darlebt. Meditation ist also kein Denkvorgang, sondern eine Verwandlung des ganzen Menschen. So ist sie auch kein nur innerer, sondern ein den Leib und seine Verwandlung miteinschließender Vorgang. Und weil dem so ist, kommt es in der Meditation oft weniger auf das an, was meditiert wird, als auf das, wie meditiert wird.

*

Die Voraussetzung jeder Meditation, die diesen Namen verdient, ist, daß man den Sinn der Übung im Voranschreiten auf dem inneren Weg und nicht in einer Leistung oder in einer Steigerung von Weltfähigkeiten sieht. Gewiß hängen in aller Meditation das Was und das Wie aufs engste zusammen. Doch so wie es Inhalte des Erlebens gibt von solch überwältigender Bannkraft, daß sie den Menschen einfach «auf die Knie», das heißt in eine bestimmte Haltung hineinzwingen, so gibt es umgekehrt auch Haltungen von solcher Durchlässigkeit und Verwandlungskraft, daß in ihnen *jeder* Inhalt auf das Wesen und Sein hin transparent wird. Vorausgesetzt, daß ein Mensch wirklich ernst gemacht hat mit seinem Willen zur Einswerdung mit der Transzendenz, hängt die Entbindung der zum Heil wirkenden Kraft mehr als vom gegenständlichen Inhalt seines Bewußtseins von seiner leibhaftigen Gesamthaltung ab.

*

Die jeweilige Verfassung des Menschen erscheint in seiner Weise als ganzer Mensch «da» zu sein; sie besteht in seiner Weise sich zu geben und zu verhalten. Sie ist das Ganze der die Weise seines Da-Seins ausdrückenden *Gebärden.*

In seinen Gebärden bekundet und verwirklicht sich der Mensch als personales Subjekt. Die Gebärde eines Menschen ist um so reiner, als sie ohne gewohnheitsmäßige oder situationsbedingte Hemmung unmittelbar und frei aus dem Wesen kommt. Je befreiter von den Schranken des Welt-Ich, desto reiner die Gebärde. Und je reiner die Gebärde, um so heiler wird in ihr und durch sie der Mensch. So kann man von der heilenden Kraft der reinen Gebärde sprechen.

*

In der Eckehart-Legende «Von dem guten Morgen», die von der Begegnung Meister Eckeharts mit dem armen Menschen berichtet, heißt es: «Du magst wohl heilig sein, wer hat dich heilig gemacht, Bruder?» — Die Antwort lautet: «Das tat mein Stillesitzen und meine hohen Gedanken und meine Vereinigung mit Gott.» Das erste also, das hier genannt wird, ist das *Stillesitzen.*

Das Mittelalter wußte noch um die nie auszuschöpfende läuternde Quellkraft der Stille, die allein im Stillesitzen aufgeht. Dann ging das Wissen um die reinigende Kraft der Stille und ihre Übung im Westen weithin verloren. Im Osten hat sich bis heute die Tradition erhalten, durch Stille-Übungen den Menschen für den Einbruch der Transzendenz zu bereiten[1]. Doch auch wo die Übung — wie etwa die Übung des Bogenschießens, des Schwertfechtens, des Ringens, des Malens, des Blumensteckens — äußerlich auf eine bestimmte Tat- oder Werkleistung bezogen und also auf einen bestimmten «Inhalt» hin geleistet wird, geht es im Grunde nur um die innere Haltung.

[1] Vgl. Dürckheim, «Japan und die Kultur der Stille», 3. Aufl. 1960. O.-W.-Barth-Verlag und Yasutani «Zazen» in Dürckheim «Wunderbare Katze» O.-W.-Barth-Verlag, 1965.

Fehlleistungen spiegeln, wo die Technik beherrscht wird, Fehlhaltungen wider. Die Möglichkeit der Reinigung des Menschen allein auf dem Wege der Übung der rechten Haltung hat im Osten von altersher auch das Wissen um die Bedeutung der Übung des rechten *Sitzens* lebendig erhalten. Die Stille, die in der Unbewegtheit des zu seiner besten Form versammelten Leibes eintritt, kann die Quelle transzendenter Erfahrung werden, denn gerade im Leerwerden von allen «Inhalten» öffnet der Mensch sich dem Sein. Ein Zeugnis hierfür ist die köstliche Geschichte, die von Dogen Zen-Shi erzählt wird.

Dogen, der Begründer der Soto-Sekte des Zenbuddhismus, übte im Unterschiede zu Eisai Zenshi, dem Begründer des Rinzai-Zen, allein das Sitzen in Stille ohne Meditationsgegenstand. Eisais Hauptübung dagegen war der «Koan» — das Lösen von unlösbaren Denkaufgaben. Nach seiner Meinung über die Methode von Rinzai gefragt, antwortete Dogen: «Sehr gut.» «Wieso?» fragte der andere zurück, «die üben doch den Koan.» «Nun», meinte Meister Dogen, «es mag Leute geben, die nur stille sitzen können, wenn sie etwas zu denken haben. Wenn sie dabei aber zur Erleuchtung kommen, so ist das nicht dem Denken zu danken, sondern dem Stillesitzen allein.» Die Übung in der Unbewegtheit des Leibes verwandelt den inneren Menschen mit. Wie die Legende von Meister Eckehart, so weist auch diese Geschichte auf etwas hin, das mit großem Ernst erforscht werden muß.

*

Man muß sich darüber klarwerden, daß die Verwandlung durch Meditation nicht nur eine Veränderung im

Gefüge der inneren Welt, sondern eine Erneuerung des ganzen Menschen meint. So ist es auch irrig, wenn man sich unter «Erleuchtung» nur ein Erlebnis vorstellt, in dem einem plötzlich etwas «innerlich» aufgeht, so wie etwa einem genialen Physiker eine «Eingebung» zuteil werden kann, eine plötzliche Einsicht, die mit einem Schlag ein neues Licht auf alles wirft und vielleicht eine Neuordnung seines ganzen Gedankensystems zur Folge hat. «Erleuchtung» in diesem Sinne ist etwas, das das Subjekt, das die Erleuchtung hat, selbst unverändert läßt. Erleuchtung im wahren Sinn hat mit dieser Art plötzlicher Einsicht wenig zu tun. Im wahren Sinn bedeutet sie vielmehr eine den ganzen Menschen als Subjekt verwandelnde Erschütterung und eine Verwandlung seiner gesamten, auch «physischen» Daseinsweise in der Welt.

*

Wie sehr die Übung der Stille im einfachen Stille-Sitzen den ganzen Menschen ergreift und verändert, wird jedem deutlich, der sich einmal selbst der Mühe unterzieht, das Stillesitzen zu üben. Sehr bald wird er fragen: Wie ist es nur möglich, daß eine so einfache Übung eine derartige Wirkung auf Leib und Seele ausübt? Der Übende spürt bald, daß es sich beim Stillesitzen weder um eine Körperübung handelt noch um das, was er sich unter «geistigen Übungen» vorgestellt haben mag. Dann steht er erstaunt vor der Frage: «Was wird denn eigentlich geübt, wenn es weder der Leib noch der Geist ist und doch beides davon betroffen wird?» Die Antwort lautet: Geübt wird der Übende selbst, der Übende als jener Jemand, jenes personale Subjekt, das in seiner ursprünglichen Einheit vor, in und nach aller möglichen Unterscheidung von leiblichen und seelisch-geistigen Äußerungen und Inhalten da ist. In dem Maße nun, als wir den Menschen ernst nehmen als leibhaftige Person, rücken gewisse Lebensäußerungen aus dem Schatten alter Betrachtungsweisen in ein neues Licht. So die Gestimmtheiten und die Haltungen des Menschen. Im Zeichen der Trennung von Leib und Seele erscheinen die Gestimmtheiten nur als «Gefühle», die Haltungen, wie auch der Atem als etwas nur «Körperliches». Bleiben wir aber in unserer Erkenntnis auf das Subjekt bezogen, so wie wir ihm als einem «Du» in der Welt begegnen, dann können wir Leib und Seele nicht trennen. Und dort, wo es um Verwandlung geht, gewinnen die Grundstimmungen wie alle sie ausdrückenden Haltungen und Gebärden eine neue Bedeutung — nämlich als Weisen, in denen ein jemand sich spürt, ausdrückt und leibhaftig *da* ist.

*

Der Sinn aller «Übung» ist die Verwandlung, dank der das Sein sich immer eindeutiger im Innesein und Dasein des Menschen durchsetzt. Es ist eine personale Verfassung des Menschen, in der das Sein im Glanz seines Erlebens, in der Strahlung seines einfachen Daseins und als Antrieb, Sinn und Segen seines Tuns und Lassens immer mehr offenbar werden kann in der Welt. Da der Mensch in seinem Wesen teilhat am Sein, ja diese Teilhabe sein Wesen ausmacht, bedeutet solche Verwandlung das Offenbarwerden des in ihm anwesenden überweltlichen Seins in der Welt und zwar unter allen Bedingungen seines weltlich bedingten Daseins.

*

Die Entwicklung des Menschen vom Kind zum Erwachsenen führt zur Entfaltung einer Bewußtseinsform und einer ihr entsprechenden Verfassung, in der sich der Mensch seiner Teilhabe am göttlichen Sein verstellt. Es ist die Entwicklung zum gegenständlich fixierenden Ich, kraft dessen der Mensch die Welt «objektiv» erkennt und meistert. Das sich entwickelnde Welt-Ich führt zu einer Sicht des Lebens, in der alles um ein «Feststehendes» kreist. Wo aber der Mensch sich theoretisch, praktisch und ethisch am Objektiv-Feststehenden orientiert, verhüllt sich das lebendige Sein, das, weil es LEBEN ist, kein Feststehen duldet. Seine Verhüllung erweist und verfestigt sich in jenem Verhältnis des Menschen zur Welt, darin er einseitig diejenigen Vermögen entwickelt, kraft derer er die Welt objektiv erkennt und meistert[1]. Die Verstellung des Seins gipfelt im Wahn des Menschen, «autonom» geworden zu sein und das Leben aus eigener Kraft bewältigen und mit Sinn erfüllen zu können. Dieser hybride Wahn ist die Wand, die den Menschen vom Göttlichen trennt und ihn in sein spezifisch-menschliches Leiden wirft. Doch das Leiden an der Entfremdung vom Sein kann zu dem Medium werden, in dem das Sein sich eines Tages auf dem Hintergrund der dunklen Wahn-Wand leuchtend abzeichnet. Doch erst wenn das Leiden

[1] Vgl. J. Gebser, «Ursprung und Gegenwart». Deutsche Verlagsanstalt.

an der Entfremdung zur Lebensangst und Verzweiflung des von seinen Wesenswurzeln getrennten Menschen wird, wird er wirklich bereit, sich dem in ihm ans Licht drängenden Sein zu öffnen, sich von seiner einseitigen Bezogenheit auf die Welt abzuwenden und sich dem Wesen zu öffnen, das in seiner Innerlichkeit anspricht.

*

Die Bedingungen der Möglichkeit zur großen Umkehr aus einem an der Welt orientierten zu einem vom Wesen her bestimmten Leben sind: 1. daß die wahre Wirklichkeit, das im Wesen anwesende göttliche Sein, unablässig darauf drängt, im Menschen und durch ihn hindurch in die Erscheinung zu treten; 2. daß der Mensch in seiner alles vergegenständlichenden Bewußtseinsform in eine Entfremdung und Spannung zu seinem divinen Wesen tritt. Ohne diese könnte er sich seines wahren Wesensgrundes ebensowenig bewußt werden wie die Blume; 3. daß er sich im Durchbrechen der Schranke dieses Bewußtseins dem in ihm aufgehenden Sein *öffnet* und dabei zur Erkenntnis erwacht, daß die Schranke ihren Ursprung im rationalen Ich hat; 4. daß er bereit wird, den Willen des ihn nun in seinem Wesen rufenden göttlichen Seins in seinen Willen aufzunehmen, und sich für den Weg *entscheidet*, zu dem ihn der Wesensruf verpflichtet. Die so aus der Not der Entfremdung und aus der Wiederbeheimatung im Wesen geborene Wende bedeutet das *Einmündung auf den* WEG.

*

Der *Weg* ist die nie endende *Übung*, das im Zeichen des Welt-Ichs Gewordene auf das Ungewordene hin und vom Ungewordenen her *transparent* und neu werden zu lassen. Auf den Weg gelangt nur der Mensch, den die Erkenntnis einmal mit voller Wucht trifft, daß der Sinn seines weltlichen Daseins die Manifestation des überweltlichen Seins ist und der sich endgültig dafür entscheidet, in dem ihm zugebilligten Maße zu einem Zeugen des Seins im Dasein zu werden. Er steht dann nicht mehr im Dienst seines Welt-Ichs, auch letztlich nicht mehr im Dienst von Mitmensch und Welt, sondern durch all das hindurch im Dienst eines neuen Herrn: des göttlichen Seins. Dieser Dienst aber setzt, insofern er einem innerlich erfahrenen und nicht einem nur objektiv zu glaubenden Herren gilt, ständige *Seinsfühlung* voraus. Und diese Seinsfühlung ist ohne Unterlaß zu üben.

*

Seinsfühlung gibt es, angefangen von einer kaum bewußt werdenden sehnsüchtigen Unruhe des Herzens über kleine «Berührungen» bis hin zu den großen Erlebnissen des Durchbruchs und der allverwandelnden Seinserfahrung. Den Menschen für solche Erfahrung des Seins zu bereiten und ihn im Erschließen echter Seinsfühlung für den Weg der Verwandlung zu öffnen, ist das erste Ziel aller Übung zum Weg. Sie hat den Sinn, den Menschen aus seiner Seinsferne heraus auf den Weg zur Reintegration mit seinem Wesen zu bringen und so seinem Wieder-Heil-Werden zu dienen; denn was bedeutet *Heil*-sein?

Heil ist nicht schon der Mensch, der der Welt angepaßt, leistungstüchtig, werksicher und kontaktfähig sein Leben erfolgreich meistert, dabei aber wesenstaub ist. Heil ist vielmehr der Mensch nur in dem Maße, als er dem heilenden Grund gegenüber offen und zugleich fähig ist, seine erneuernden, richtenden und lösenden Kräfte zuzulassen und ihnen auch zu gehorchen. Heil ist der Mensch, der inmitten der Kargheit, Unordnung und Zerrissenheit dieser Welt die überweltliche Fülle, Sinnhaftigkeit und bergende Einheit des überweltlichen Seins zu bekunden vermag. Weil aber der Mensch solches nie endgültig sein, sondern nur auf dem Weg dazu sein kann, ist heil der Mensch, bei dem die Fühlung mit dem Sein die Lebensformel ausgelöst hat, die ihn auf dem Weg der Verwandlung hält. Heil ist der Mensch, der sich ohne Unterlaß in der Übung der «reinen Gebärde» und so in der Formel des inneren Heil-*werdens* hält. So geht es in der rechten Übung um diejenige Verfassung, die, statt den Menschen zu beruhigen, ihm verwehrt, stehenzubleiben.

*

Die Ruhe des Welt-Ichs, die «bürgerliche» Ruhe des Lebens tritt dort ein, wo sich nichts mehr bewegt. Die Ruhe des Wesens und des in ihm zum Offenbarwerden drängenden Lebens tritt dagegen dort ein, wo nichts mehr die Bewegung des Werdens unterbricht. Daß aber die Verfassung, um die es in aller Übung und Meditation geht, kein «Angekommen-sein» darstellt, sondern ein «Auf-den-Weg-gekommen-sein», ist keineswegs etwas Selbstverständliches; denn großen Zulaufs erfreuen sich die falschen Propheten und «Meister», die dem in der Welt verunruhten Menschen billige Ruhe versprechen.

Damit aber betrügen sie ihn um den Sinn seiner Unruhe, die aus dem Verwandlungswillen des Wesens stammt.

*

Wie aber sieht die rechte Verfassung aus, und was steht ihr im Weg? Im Wege steht ihr seltsamerweise jene Verfassung, in der der Mensch sein natürliches Ich-Weltbewußtsein entwickelt. Es ist die Bewußtseinsform, in der das auf seine Selbstbehauptung bedachte Ich sich in seiner gegenständlichen Weltsicht und Weltordnung konsolidiert. Die Gefahr, die aus diesem Ich der Reifung des Menschen droht, liegt also nicht nur an der bekannten Sünden-Dreiheit: Streben nach Besitz, Geltung und Macht! Sie liegt vielmehr in seiner Tendenz zum «Statischen». Das «natürliche» Ich ist beherrscht von der Neigung und Kraft zum Feststellen, Feststehen und Festhalten, kurz, zu festen «Positionen», in denen man gesichert bleiben und überdauern kann. Alles Erkennen und Tun ist hier am objektiv Feststehenden orientiert, sei es, daß ein gesicherter Besitz in der Welt gesucht, ein Erkenntnissystem verteidigt oder eine feste Wertordnung befolgt wird. Wo aber die Idee des Feststehenden den erkennenden und handelnden Geist beherrscht, ist das *Leben* in Gefahr. Wo Leben ist, steht nichts fest, alles ist in Bewegung, im ewigen Werden und Entwerden, im Wachsen und Reifen, im Wiedereingehen und verwandelten Wiederaufgehen. Auch das Geschlossene steht, wo Leben ist, im Offenen, auch das Gewordene ist durchlässig und zu weiterem Werden bereit. Und in dem zum Leben Erwachten bleibt selbst das vom rationalen Geist

Fixierte durchdrungen von der bewegenden und verwandelnden Kraft aus dem Wesen.

Wo immer das Wesen ins Innesein tritt, gewinnt eine Verfassung den Vorrang, in der alle statische Ordnung des Welt-Ichs übergriffen ist von der dynamischen Werdeordnung des Lebens. Wovon reden wir aber eigentlich, wenn wir das sehr abstrakte Wort «Sein» gebrauchen?

*

«Sein» ist in der Pyramide der Begriffe ohne Zweifel das Allerabstrakteste und Fernste; in der «Pyramide nach unten» in die Tiefe unseres inneren Erlebens ist es aber das Konkreteste und uns Nächste; denn es ist ja das, mit dem wir im «Wesen» *eins* sind. Noch klarer gesagt: Es ist das, was wir in unserem Wesen *sind.* Daher auch kann es uns mit Erfahrungen segnen, deren erschütternde Gewalt, Leuchtkraft und Fülle alles in den Schatten stellt, was wir in unserem gegenständlichen Bewußtsein nur «haben».

Wo das Sein uns ergreift, verwandelt die Grundstimmung sich. Eine Kraft, eine Fröhlichkeit und eine Liebe ziehen ein, die von der Sicht des begreifenden Ichs her ganz unverständlich und unmotiviert sind. Gewiß, die Armseligkeit, Sinnwidrigkeit und Verlorenheit unseres nur ich-bezogenen In-der-Weltseins zeichnen sich auf dem Hintergrunde erster Seinsfühlungen noch schärfer und leidvoller ab. Und auch die Verantwortung, in allem Tun und Lassen das Sein offenbar werden zu lassen, wiegt fortan schwerer als der alte Wille, sich selbst und die Welt zu «verbessern». Doch tiefer als alles Leiden an unserem unvollkommenen Zustand und als aller Druck neu geweckten Gewissens sind der Glanz, die Wärme und der schöpferische Aufschwung, die uns durchströmen, wo immer das Sein ins Innesein trat. Dafür aber, daß dies Sein uns nicht nur für einen Augenblick zu berühren vermag, sondern bleibend durch uns hindurch offenbar werden kann, bedarf es einer den Augenblick überdauernden Lebensform, in der wir an Seele und Leib neu «verfaßt» sind. Diese Lebensform entsteht und erhält sich nur in der immerwährenden Übung. Das Erlebnis des Seins und die Verwandlung aus dem Sein ist aber zweierlei[1].

*

Bei der Verwandlung aus dem Sein geht es um mehr als nur um die Gewinnung neuer Inhalte oder Wertordnungen, auch um mehr als um den Schritt vom nur rationalen zum bildstarken Erleben. Man kann schon die herrlichsten Bilder haben, in denen das Inne-werden des Seins sich ankündigt, ohne es schon wirklich zu schmekken. Man kann schon Zeugnisse des Seins erleben, im Traum oder auch in glücklichen Stunden, ohne daß es schon einen verwandelnden Einfluß gewinnt. Ja, es ist fast unvorstellbar, was ein Mensch alles an tiefgehenden Erlebnissen haben kann, ohne sich zu verändern. Der alte Adam kann täglich Neues erleben und doch ruhig der alte bleiben. Nur, wenn er den in jeder echten Seinsfühlung enthaltenen Ruf hört und sich bindend dafür entscheidet, ihm zu folgen, kann die Gesamtverfassung

[1] Vgl. Dürckheim, «Erlebnis und Wandlung», Hans Huber-Verlag, Bern und Stuttgart.

sich im Sinn des Seins ändern und ein neuer Jemand erstehen. Alles gewinnt dann neuen Sinn und einen neuen Antrieb. Alle Bilder, Handlungen und Gedanken werden vom übergegenständlichen Seinsgrund her erfüllt, und selbst die Bedeutung des Rationalen ändert sich von Grund auf. Weder bleibt es der oberste Richter und Steuermann unseres Erkennens und Tuns, noch bleiben wir in dem höchst unfruchtbaren Protest gegen das Rationale gefangen, das uns ja doch vom Tier unterscheidet und die Voraussetzung aller Geistwerdung ist. Die Ratio ist ebensowenig wie ihr Zentrum, das fixierende Ich, an sich böse, sondern sie wird böse nur, wenn der Mensch sich in seinem Geist allein mit ihr identifiziert und sich dadurch dem Seinsgrund entfremdet, der jenseits der Ratio ist. Der eigentliche Sinn und Beweggrund alles rationalen Tuns sollte sein, dem SEIN, das jenseits aller Ratio ist, Räume zu schaffen, in denen es sich entfalten kann, in uns und in der Welt!

*

Übend die Verfassung im Sinn des Seins zu ändern, bedeutet vor allem: Die Mittelpunktstellung des Welt-Ichs zu brechen. Wo das erkannt ist, wird unser Interesse notwendigerweise an denjenigen Lebens- und Erlebnisbezirken wachsen, die sich das Ich, das alles begreifen und fixieren will, nicht unterwerfen kann. Hier gewinnen zwei Bereiche Bedeutung, die dort, wo die hierarchische Ordnung im Zeichen der Ratio steht, weit hintanstehen: Das Feld der *Sinneserlebnisse* und das Feld der inneren *Leibeserfahrungen.* Beide sind nie ganz in ihrer unmittelbaren Qualität und Frische zu verderben.

Auch innerhalb aller rationalen Ordnung und Bedeutung bewahren sie ihren qualitativen Eigencharakter. So können sie in der Unmittelbarkeit ihrer Qualität zu heilsamen Zeugen des Seins werden, wenn man nur lernt, bei ihnen zu verweilen. Jeder weiß, wie z. B. die Natur — die frische Luft, der Wald, das Meer — den im rationalen Tun gefangenen Menschen immer wieder erneuert. Es ist außergewöhnlich, welch reinigende und in einem tiefen Sinn heilsame Wirkung eine längere Übung im verweilenden Wahr- und Ernstnehmen von Geruchs-, Geschmacks- und inneren Bewegungsqualitäten hat — darüber hinaus von Farben und Tönen, sofern es gelingt, sie «rein» wahrzunehmen. «Rein», das bedeutet losgelöst von der Bedeutung der Dinge, als deren Eigenschaften das rationale Ich sie auffaßt. Es gibt eine meditativ zu vollziehende Erhellung der Sinne, die den transzendenten Gehalt der Sinnesqualitäten aufschließt und dadurch der Verwandlung dient. Für die Übungspraxis wichtiger noch als die Übung der Sinne ist aber das kontrollierte Selbsterleben des *Leibes* — vorausgesetzt, daß wir den «Leib» nicht als Körper, d. h. als eine «Sache», sondern als die Weise verstehen, in der wir in der Welt als Person *da* sind.

*

Der menschliche Leib ist in der Ruhe und in der Bewegung gemeint als Träger, Vermittler und Bezeuger wesensgemäßen Lebens, das aus seinem Inbild heraus auf eine bestimmte Gestaltwerdung in der Welt angelegt ist. So ist der Sinn des Leibes, Zeuge des in ihm zur Gestalt-werdung drängenden Seins zu sein. Der Leib ist keine statisch zu verstehende Figur, sondern eine Einheit von Gebärden, in denen das Subjekt sich darlebt, d. h. darleibt. Der gewordene Leib ist aber nie die reine Auszeugung des Wesens, nie die volle Verwirklichung des überraumzeitlichen, unbedingten Inbildes; denn er formt sich unter den beeinträchtigenden Bedingungen der Welt. So spiegeln sich in seiner jeweiligen Form alle von der Welt her bedingten Verfehlungen seines Wesensinbildes wider. In der leibhaftigen Verfassung eines Menschen und in den sie aktuell bezeugenden Gebärden bekundet sich untrüglich und höchst differenziert, in welchem Maße und in welcher Weise der Mensch seinem Wesen gemäß «er — selbst» wurde oder sein Inbild verfehlt hat.

*

Die aktuelle Gebärde ist der unmittelbarste Ausdruck des personalen Subjekts. Die Person als solche ist jenseits der analytischen Unterscheidung von Körper und Seele. Dies macht ja auch das ganze Feld der Ausdrucksbewegungen so aufschlußreich, daß sie vom Subjekt selber jenseits des Gegensatzes von Leib und Seele zeugen, und für die Arbeit auf dem Weg sind die Bewegungsgestalten des eigenen Leibes so bedeutsam, weil wir uns in ihnen nicht gegenständlich, sondern inständlich erleben. Eine Gleichgewichtslage, ein Pendeln um einen Mittelpunkt, eine entspannende Bewegung oder den Rhythmus des Atems *inständlich zu erleben,* ist etwas ganz anderes, als all dieses gegenständlich fixierend zu beobachten und feststellend wahrzunehmen.

*

Wahrnehmen als helles Inne*sein* ist etwas anderes als

gegenständliches Bewußt-*Haben.* Ein inständliches und doch hellbewußtes Innesein gibt es aber nur auf dem Hintergrund gegenständlichen Habens. Die Bedeutung, die das Innesein des Leibes und seiner Veränderungen für den Übungsweg hat, geht uns erst auf, wenn wir begreifen, daß die Leibhaftigkeit im existentiellen Sinn etwas anderes bedeutet als die analytisch vom Seelisch-Geistigen unterschiedene «Körperlichkeit». Die Leibhaftigkeit des lebendigen Menschen hat nichts mit dem zu tun, was als Leiche zurückbleibt, wenn wir gestorben und wirklich tot sind. In seiner jeweiligen Bestimmtheit zeigt das Leib-Sein vielmehr, wie das überzeitliche Wesen eines Menschen sich unter den raumzeitlichen Bedingungen auszeugen konnte oder nicht. Die uns geläufige Trennung von Leib und Seele ist das Produkt einer analytisch gegenständlichen Betrachtung und verfehlt das Subjekt in der inständlichen Einheit seines Da-Seins. Wo immer wir den Menschen wie ein Ding nur gegenständlich wahrnehmen und sachlich bestimmen, verfehlen wir ihn als Subjekt. Solange wir ihn nicht als personales Subjekt wahrnehmen und ernst nehmen, können wir ihm auch nicht auf dem Wege des Selbstwerdens helfen. Wir kommen dann theoretisch nie aus den fatalen Folgen eines Dualismus heraus, der aus der gegenständlichen Unterscheidung zwischen physischen und psychischen Äußerungen des Menschen getrennte Wesenheiten macht, aus denen er sich angeblich objektiv zusammensetzt. Und in der praktischen Bewertung und Führung sind wir im nur sachlichen Aspekt verleitet, den anderen nur in seiner funktionellen Bedeutung für die Welt und nicht in seinem existentiellen Anliegen ernst zu nehmen. Das Umdenken, das hier nötig ist, ist viel schwerer, als man gemeinhin annimmt. Mit platonischen Ehrenerklärungen für die Leib-Seele-Einheit ist ebensowenig getan wie mit einer Koordination medizinischer und psychologischer Betrachtungs- und Behandlungsweisen. Die Addition von Erkenntnissen über den lebenden Leichnam und solchen über die leiblose Psyche ergibt noch keine gültige Erkenntnis des Menschen. Ja, der Begriff Leib-Seele-Einheit ist selbst ein Produkt des gegenständlichen Denkens. Er begreift etwas anderes als das lebendige Subjekt, dem wir als einem *Du* begegnen und als das wir uns selbst als ein *Ich* erleben. So stehen wir heute theoretisch wie praktisch erst in den embryonalen Anfängen einer Erkenntnis und Führung des Menschen, die ihm als Subjekt gerecht werden[1].

*

Der Mensch als Subjekt kommt erst dort in Sicht, wo wir unseren Mitmenschen, weil wir ihm als dem Du begegnen, in seinem existentiellen Bezug zu Welt und Leben wahrnehmen. In diesem Bezug steht er mit uns in einem Koordinatensystem, dessen Ordnung einen völlig anderen Sinn hat als jenes andere, das aus dem gegenständlichen Ordnungswillen des Geistes entsteht. So auch können wir dem Menschen als Subjekt nie im rational fixierenden Erkennen gerecht werden, sondern nur im inständlichen Mitvollzug seines Lebens und Leidens. Nur wo wir ihn mitmenschlich als ein Du gegenwärtig haben,

[1] Vgl. Hans Trüb, «Heilung aus der Begegnung», 1951. Klett-Verlag.

fühlen und spüren wir ihn in seinem personalen Menschsein, darin er wie wir nach Glück, Sinn und Erfüllung strebt. Nur so auch werden wir seiner als Bruder auf dem Wege gewahr, der wie wir von seiner Bestimmung getragen ist, ein rechter Mensch, das heißt *Person,* zu werden. Solange der Arzt im Kranken ganz sachlich nur den Fall sieht, geht er an ihm als Menschen, als Person und Subjekt vorbei.

*

In jedem Augenblick seines Lebens steht der Mensch als Subjekt im Zeichen seines personalen Grundgesetzes, sich fortschreitend im Sinn seiner Bestimmung zu verwandeln. Nur im Hinblick auf dieses Gesetz ist auch die jeweilige Leibform des Menschen zu verstehen und zu bewerten. Sie zeigt, ob er vom Weg der Verwandlung abgewichen oder ihm treu geblieben, ob er im Fortschreiten oder ob er stehengeblieben ist. Die Fehlformen des Leibes, die Verspannungen und Verkrampfungen sind existentiell verstanden immer Ausdruck von eingefleischten Fehlhaltungen des Menschen als Person, von Abwegen oder von verhärteten Formen des Stehengebliebenseins auf dem Wege.

*

Die zentrale Spannung, unter der der Mensch existentiell steht, ist die Spannung zwischen seinem *Welt-Ich* und seinem *Wesen.* Das entspricht der Spannung zwischen dem unter den Bedingungen seines raumzeitlichen Daseins gewordenen *Schicksalsleibes* und seiner *Wesensform,* die «ungeworden» und in ihrem Anspruch auf Verwirklichung unbedingt ist. Die rechte Verfassung des Menschen, in der er sein Person-Sein verwirklicht, ist diejenige, in der sein weltbedingter Lebensleib transparent geworden ist, d. h. durchlässig für das Offenbarwerden seines Wesens.

*

Die Fixierung, dic vor allem anderen der Dynamik des Personwerdens im Wege steht, ist die, in der der Mensch in einer am Gewordenen haftenden und um das Feststehende kreisenden, vorab der Sicherung und Selbstbehauptung dienenden Erkenntnis- und Lebensordnung festsitzt. Diese Fixierung hat ihren leibhaftigen Ausdruck in einer Erscheinung des Menschen, in der der Sicherungswille des Ichs besonders hervortritt. Dies zeigt sich vor allem an der ganzen Haltung, am Tonuscharakter, das heißt am Verhältnis von Gespanntheit und Gelöstheit und am Atem.

Sprechen wir von *Haltung, Spannung* und *Atmung,* so müssen wir wiederum den Sinn, den sie als personale Äußerung des Menschen haben, unterscheiden von der Bedeutung, die sie in der gegenständlich-analytischen, zum Beispiel medizinischen Sicht bekommen. In der existentiellen Betrachtung des Menschen nehmen wir seine eingefleischten Verhaltensweisen und Erscheinungsformen als etwas wahr, darin er sich selbst äußert. Wir empfinden sie als jeweils besondere Weisen seiner Möglichkeit, er selbst zu sein und als «er» in der Welt da sein zu können. In der sachlich gegenständlichen Sicht sehen wir nur Deformationen des Körpers oder innere Blockaden der Leistungskraft in der Welt. So müssen, wo es um Selbstwerdung geht, Haltung, Spannungscharakter und

Atem für Erkenntnis und Führung des Menschen in ihrem personalen Sinn erschlossen werden.

Kein Exerzitium kann an der Haltung, am Spannungscharakter oder am Atem des Menschen vorbeigehen. Ja, eben weil die leibhaftige Verfassung des Menschen nicht einen Körperzustand darstellt, sondern die Weise bedeutet, in der er als Subjekt «da» ist, gibt es Übungen, die allein über die Erstellung der rechten Leibform dem Person-werden dienen.

In der Weise des Menschen, leibhaftig da zu sein, im Maß seiner Durchlässigkeit, bekundet sich der Stand, den der Mensch auf dem Wege zur Reife, also zur Integration mit seinem Wesen und zur Artikulation aus seinem Wesen gewonnen hat. Eben darum kann ein Mensch, der rein körperlich gesehen «krank» ist, als Subjekt doch in der rechten Weise da sein, das heißt durchlässig für die Forderungen seines Wesens. Dagegen kann ein «kerngesunder» Sportler in unrechter Weise da sein, z. B. «aufgeblasen» in eingefleischter Arroganz und Einbildung, die ihn seinem Wesen gegenüber verschließt und seinem inneren Werden verstellt.

*

Die *rechte* Verfassung des Menschen ist niemals eine mit einem Endgültigkeitszeichen versehene «statische» Struktur, sondern eine Lebens- und Bewegungsformel[1] des ganzen Menschen. In ihr bleibt er auch in seiner jeweils raum-zeitlich bedingten Form offen für sein Wesen.

[1] Vgl. Dürckheim, «Haltung, Spannung, Atem als Lebensformel des Menschen in «Erlebnis und Wandlung». Huber-Verlag, Stuttgart-Bern.

Das heißt, er ist fähig, dem Drang seines Wesens zur Manifestation zu gehorchen, in ständiger Verwandlung zu bleiben und immer durchlässiger zu werden für das in ihm ans Licht drängende Sein.

Die Verfassung bekundet und entwickelt sich von Augenblick zu Augenblick in der Einheit der Gebärden. Wie von einer rechten Verfassung, so können wir auch von einer reinen Gebärde sprechen, in der die rechte Verfassung sich bekundet und in deren Wiederholung sie sich festigt.

Von einer reinen Gebärde sprechen wir dort, wo das Wesen sich unverstellt zu bekunden vermag. Hierzu muß sie frei sein von allen im Ich gegründeten Fixierungen, insbesondere vom Vorwalten all jener Haltungen, in denen sich das Sich-wahren des Welt-Ichs erweist. Es geht um die Transparenz für das hindurchtönende Sein. Die reine Gebärde bringt das Wesen inbildgemäß an den Tag. Rein ist daher nicht schon die Gebärde, die zwar keine Ich-Position ausdrückt, aber der «Form» ermangelt. In der reinen Gebärde verwirklicht und bewährt sich vielmehr auch «rechte Form». Das ist diejenige, die nicht vom Ich her gemacht ist, sondern dem Menschen vom Inbild her zuwächst, das sie auszudrücken und zu verwirklichen hat.

*

In der reinen Gebärde begegnet uns der Mensch, der in der rechten Weise «da» ist, wobei «recht» bedeutet: durchlässig für die in der Weise seiner Wesens-Individualität zur Bekundung drängende Fülle, Inbildlichkeit und Einheit des Seins. Daher finden wir, wo der

Mensch in der reinen Gebärde da ist, auch immer jenes unbefangene Vertrauen, jene selbstverständliche Geordnetheit und jene natürliche Zugewandtheit, die es nur in echter Seinsfühlung gibt. In diesem Sinne auch entbindet die reine Gebärde den heilenden Geist, dessen Ausdruck sie ist. Sie ist sowohl Ausdruck wie auch immerzu sich erneuernder Ursprung einer Verfassung, aus der heraus der Mensch auf jede Lebenssituation seinsgemäß antwortet. Jede Lage regt aufs neue den Kreislauf der Verwandlung an. Die reine Gebärde ist also Ausdruck einer sich immer aufs neue durchsetzenden Bewegungsordnung. In ihr entspricht der Mensch als individuelle «Zeitgestalt» in je seiner Weise der Urbewegung des Lebens, in der die sich unter den Bedingungen der Welt verhärtende Form immer wieder eingeschmolzen und wesensgemäß erneuert wird, also in steter Verwandlung bleibt.

Die «reine Gebärde» bedeutet eine lebendige Daseinsform, in der der Mensch, weil er aus seinem Wesen heraus lebt, die Welt unbefangen wahr-nimmt. Je eindeutiger ein Mensch aus seinem Wesen heraus da ist, um so freier und unvoreingenommener begegnet er allem, was von Augenblick zu Augenblick auf ihn zukommt. Er ist wirklich offen für das Leben, das sich ja nie wiederholt. Auch das Bekannteste erscheint ihm immer wie erstmalig und neu. Er selbst ist nicht festgelegt und kann sich geben, wie er jetzt gerade ist. So bedeutet Arbeiten an der reinen Gebärde ein dauerndes Erkennen, Zurücknehmen und Einschmelzen von eingefahrenen Geleisen, Vorurteilen, Sicherungshaltungen und Schablonen, mit denen wir uns um die Wahrheit des Lebens betrügen.

DAS RAD DER VERWANDLUNG

Die Selbstverwirklichung des Menschen als Person erfolgt nicht ohne sein Zutun. Sie hängt vielmehr Schritt für Schritt von seiner Mitwirkung ab. Sie ist letztlich das Ergebnis einer ununterbrochenen Übung. Wo der Mensch mit vollem Bewußtsein in diese «Übung ohne Unterlaß» eingetreten ist, ist er eingemündet auf den WEG. Dann steht das *«Rad der Verwandlung»* nicht mehr still. Wo es stillsteht, fällt es um, und der Mensch sitzt fest.

Das Kernstück der Verwandlung ist ein Dreischritt:

1. Das Wesenswidrige muß preisgegeben werden.
2. Das Preisgegebene muß in dem alles aufnehmenden, lösenden, verwandelnden und neugebärenden Grund eingeschmolzen werden (Integration mit dem Wesen).
3. Der aus dem Grund neu auftauchende Gestaltkern muß wahrgenommen, aufgenommen, zum Wachstum zugelassen und in die eigene Verantwortung aufgenommen werden (Artikulation aus dem Wesen).

Da ferner das Preiszugebende in seiner Wesenswidrigkeit bemerkt, der in den Willen aufgenommene Gestaltkern nur in der Bewährung verwirklicht werden kann (Reintegration mit dem Welt-Ich), hat das Rad der Verwandlung fünf Speichen:

1. Bewährung der kritischen Wachheit.
2. Loslassen dessen, was dem Weiterwerden im Weg steht.

3. Einswerden mit dem Grund.
4. Neuwerden aus dem ihm entsteigenden Inbild.
5. Bezeugung und Bewährung im Alltag (deren Nichtgelingen wiederum von der kritischen Wachheit bemerkt wird).

Jedes Teilstück der Drehung dient in seiner Weise dem Entstehen der Verfassung, in der der Mensch fortschreitend transparent wird für das Sein. Keiner der Schritte darf fehlen. In jedem sind, wenn er wirklich vollzogen wird, alle anderen Schritte enthalten. Und doch hat jeder Schritt seinen eigenen Sinn. So tut der Anfänger — und wer bliebe es nicht Zeit seines Lebens — gut daran, sei es im Alltag oder in besonderen Stunden des Übens, den Schwerpunkt bald auf diesen, bald auf jenen Schritt zu legen. Eines jedoch darf nie aus dem Sinn kommen: daß es Verwandlung nur gibt, wo das Rad der Verwandlung in Bewegung bleibt. Jeder Schritt wird fruchtbar nur innerhalb der fortgesetzten Drehung des Rades.

Die Kraft zur nie zu unterbrechenden Drehung kommt nie aus einem Erlebnis allein, darin das Sein uns in besonderer Stunde erlösend und verpflichtend ergriff. Vielmehr muß der Sinn des erlebten Antriebes «das Sein im Dasein zu bezeugen», immer neu von uns erkannt und ergriffen werden, seine Erfüllung in immer neuer Entscheidung bejaht, im Gewissen gegründet und in den Willen aufgenommen werden. Und nur aus der Treue zur «Verwandlung ohne Aufenthalt» gibt es existentiell gültige Wachheit, Loslassen, Einswerden, Neuwerden und Bezeugung im Alltag.

1. DIE KRITISCHE WACHHEIT

Die *kritische Wachheit* bezieht sich auf all das, was der Wesensfühlung und der Integration mit dem Wesen, aber ebenso auf alles, was der Artikulation aus dem Wesen im Wege steht. Die kritische Wachheit ist kein ein für allemal erreichter Bewußtseinszustand, sondern ein stetig wachsendes «Bewußt*werden*». Und dieses ist kein nur intellektuelles, gegenständliches Bemerken und Wahrnehmen. Es ist ein inständliches Bewußtwerden, ein *Innewerden.* Und so ist die kritische Wachheit selbst eine verwandelnde Kraft.

Kritisches Innewerden einer Fehlhaltung ist nicht ein gegenständliches Bemerken eines Widerspruchs gegen ein vorgestelltes Idealbild, sondern ein inständliches *Spüren,* daß und worin man als Subjekt recht ist oder unrecht, richtig oder falsch «liegt», d. h. dem Wesensauftrag entspricht oder nicht. Die Genauigkeit dieses Spürens wächst in dem Maße, als uns «das Rechte» (dem Anspruch des Wesens entsprechend, auf eine ganz bestimmte Weise da zu sein) ergriff und wir uns ihm in bindender Entscheidung unterwarfen.

Die schöpferisch verwandelnde Kraft der kritischen Wachheit wächst eher aus einem inständlichen Leibbewußtsein als aus gegenständlichen Vorstellungen über das, was dem Ziel und der rechten Haltung gemäß ist oder widerspricht. Darum auch setzt die Verwandlung nie schon mit der *Vorstellung* der rechten Haltung ein, sondern erst dort, wo diese als notwendige *Einstellung* inständlich erfahren wird. Auch die Gerichtetheit auf das

Divine und seine Manifestation, die der kritischen Wachheit und allen anderen Schritten zugrunde liegen muß, ist, wo sie wirkkräftig ist, mehr als eine Kombination von Idealvorstellungen und zielbewußtem Willenseinsatz. Sie ist vielmehr ein im Zulassen wirksam werdendes Gefüge alles durchwaltender leibhaftiger Gerichtetheiten, die im Schwung ihrer hochgemuten Eindeutigkeit alles, was der Durchlässigkeit widerspricht, am Ende wie von selbst verwandeln oder ausschließen.

*

Was ist nun das Wichtigste für die Entwicklung eines praktisch wirkenden kritischen Selbstbewußtseins? Es ist die Erweckung, Differenzierung und Artikulierung eines *Spürsinns.* Es geht um die Entwicklung eines feinsinnigen Organs, das zuverlässig die Abweichungen von der rechten Innenordnung vernimmt, insbesondere aber für die falsche beziehungsweise richtige *Zentrierung* des Subjektes empfindlich ist. So bezieht sich die kritische Wachheit vor allem auf das, «worin» und «wozu» das Subjekt sich im Leben hält und «worum» es im Fortschreiten *kreist.* Dies bedeutet die Ausbildung des Organs zum Spüren der rechten *Mitte* und dessen, was von ihr abweicht.

*

Der inständliche Sinn für die rechte Mitte ist beim Menschen unserer Zeit wenig ausgebildet, auch dort, wo schon vielerlei über Fehlhaltungen bekannt ist. «In der rechten Mitte sein» bedeutet mehr als die Verankerung in einem Zentrum, die den Menschen befähigt, seinen Mann in der Welt zu stehen. Die rechte Mitte ist vielmehr die, kraft derer der Mensch seinem Wesen entspricht. Der wirklich vom Wesen ergriffene und von ihm her sich verwandelnde Mensch kreist ohne Unterlaß um die Gewinnung, Erhaltung oder Wiederherstellung einer Verfassung, die durchlässig bleibt für das Wesen. Nur wo diese Bezogenheit auf die rechte Verfassung nie nachläßt, kreist der Mensch um die rechte Mitte. Die Verunstaltung oder Verfehlung der dem Menschen zugedachten und aufgetragenen Lebensgestalt hängt mit dem Fehlen der rechten Mitte zusammen. Was aber bedeutet die «Mitte»?

Im gegenständlich-sachlichen Aspekt des Lebens hat das Wort «Mitte» einen räumlichen oder physikalischen Sinn. Persönlich-existentiell verstanden meint «In der Mitte sein» eine Verfassung des Menschen als Subjekt, in der er in seinem Fortschreiten auf sein Eigentlichstes, also auf seinen Wesensauftrag hin zentriert und von ihm her in seiner Bewegung im Gang gehalten, zusammengehalten und bestimmt ist. Dieser Verfassung entgegengesetzt ist jene, in der der Mensch allein an der Welt orientiert nur um die Anliegen des Welt-Ichs kreist.

Im sachlich-gegenständlichen Aspekt des Lebens meint «Mitte» einen feststehenden Punkt. In ihrer personalen Bedeutung meint Mitte ein Zentrum personalen Lebens, also das, woher, worum und woraufhin der Mensch als Subjekt *lebt.* So bedeutet «Mitte» personal gesehen einen dreifachen «Grund». Es meint die *Kraft,* aus der der Mensch lebt, den *Sinn,* um den er kreist, die *Erfüllung,* auf die er suchend bezogen ist.

*

Der Mensch ist immer aus einer Kraft, um einen Sinn und auf eine bestimmte Erfüllung hin zentriert. Kraft, Sinn und Erfüllung meinen aber etwas anderes, je nachdem der Mensch mit seinem Welt-Ich oder aber mit seinem Wesen identifiziert ist. Für das Welt-Ich bedeutet *Kraft* das, was es dem Menschen ermöglicht, gesund, d. h. frisch und leistungskräftig in der Welt zu bestehen. *Sinn* wächst aus dem gültigen, von der Welt anerkannten Werk und im Dienst an der Gemeinschaft. *Erfüllung* schenkt, was endgültig beruhigt. Für den mit dem Wesen identifizierten Menschen dagegen wächst die Kraft aus der Fühlung mit dem Sein, der Sinn im Gehorsam gegenüber dem Auftrag, der ihm vom Wesen her zuwächst, Erfüllung im Einmünden auf den Weg fortschreitenden Transparentwerdens für das Sein. Identifiziert mit seinem Ich ist der Mensch abhängig von der Welt. Er ist angewiesen auf die Welt. Seine Weltkraft ist im Entstehen und Funktionieren allseitig bedingt, und so auch ist sein Selbstbewußtsein und Leben-können abhängig von der Welt. So ist er leicht umzuwerfen, empfindlich, kränkbar und immer auf Sicherheit bedacht; hin und her schwankend zwischen Verhaltenheit und Preisgabe, Verkrampfung und Auflösung, zwischen Hochgehen und Zusammensacken, niemals zuverlässig im Lot. Warum? Es fehlt ihm der Halt in einer unumstößlichen Mitte. Ist der Mensch im Wesen verankert, so gibt ihm diese Zentrierung das Bewußtsein eines nicht vernichtbaren Kernes und von daher eine unumstößliche Festigkeit. Er gewinnt eine weltunabhängige Gelassenheit, eine eindeutige Gerichtetheit und Bestimmtheit, vor allem auch ein

Selbstbewußtsein, das unabhängig ist von den Umständen und der Anerkennung der Welt. So bedeutet im personalen Sinn «In-der-Mitte-sein», daß der Mensch in einer Weise da ist, in der er in allem Auf und Nieder des Lebens Kraft, Sinn und Richtung aus seinem Wesen empfängt und unverrückbar um den Wesensauftrag kreist, das Sein im Dasein zu offenbaren.

*

Alle Entwicklung im Geist und zur Bezeugung des Wesens hängt für den zwischen Himmel und Erde gespannten Menschen zunächst einmal ab von der rechten Verankerung in der «Erde», und das bedeutet vom Gewinnen des rechten Schwerpunktes. Auch «Schwerpunkt» meint personal gesehen keinen Ort, sondern die Wurzelkraft personalen Lebens. Diese Wurzelkraft bekundet sich auch in der Weise leibhaftigen Daseins, also im Leibe. Der rechte Schwerpunkt im Leibe bedeutet, personal gesehen, daß der Mensch den Wurzelkräften des Lebens geöffnet und in ihnen verankert ist. Die «Erdmitte des Menschen»[1] ist das Ganze der ihn erlösenden, tragenden und erneuernden Kräfte des Grundes. In seinem leibhaftigen Dasein erfährt sie der Mensch, wo er zur Mitte des Leibes hin geöffnet und fest in ihr gegründet ist. Sie fehlen ihm, wo er nach oben hin verspannt und nach unten hin abgeschnürt ist. So kann man den Schwerpunkt an der rechten oder an der verkehrten «Stelle» haben oder auch überhaupt keinen, der den Augenblick überdauert,

[1] Vgl. Dürckheim, «Hara, die Erdmitte des Menschen», 3. Aufl. 1966. O.-W.-Barth-Verlag.

und dann ist man entweder verspannt oder löst sich auf. Denn vom Schwerpunkt her bestimmt sich wie die gesamte Haltung des Leibes, so auch sein Spannungscharakter und der Charakter seines Atems.

*

Der *Schwerpunkt*, der das «Personal-in-der-Mittesein» bedingt und manifestiert, liegt auch physisch gesehen in der Mitte des Leibes, im «Hara», genauer gesagt im «Beckenraum»[2]. «Hara» (japanisch: der Bauch) meint diejenige Verfassung des Menschen als Subjekt, in der er in einer Weise «unten» verankert ist, die ihn von der einseitigen Zentriertheit (Befangenheit) «oben» im Welt-Ich befreit und ihn für die tragenden, formenden und ausrichtenden Kräfte des Wesens frei gibt.

Je nachdem der Mensch zuviel oder zuwenig «Welt-Ich» hat, hat er den falschen oder überhaupt keinen Schwerpunkt. Je mehr er nur mit seinem Welt-Ich identifiziert ist, um so mehr liegt die Verankerung seiner Gesamtverfassung zu weit «oben». Er ist im Ichkreis befangen, wird zu sehr von seinem Intellekt (Kopf), seinem Willen (Brust) oder seinem allzu empfindsamen Gefühl (Herz) bestimmt. Dann ist er nach oben hin verspannt, in der Regel auf Kriegsfuß mit seiner Triebwelt und den kosmischen Kräften gegenüber verstellt. Ist das Ich zu schwach ausgebildet, so bedeutet dies, daß die Verbin-

[2] Im Französischen gibt es den Ausdruck: «Il n'est pas dans son assiette.» Assiette, wörtlich «Teller», meint das Becken. Und wenn man von jemandem sagt, er sei nicht in seinem Becken, so bedeutet das: Er ist heute leicht kränkbar, gereizt, kontaktlos und leicht zu stören, kurz, nicht «im Lot» etc.

dung zum tragenden und formgebenden Zentrum mehr oder weniger ganz fehlt. Der Mensch fällt auseinander oder sackt ab und ist ein Spielball der inneren und äußeren Mächte. Er kann personal gesehen nicht zu sich selbst stehen, noch sich der Welt stellen. Der eingefleischte Schwerpunkt zu weit oben bedeutet also das Abgeriegeltsein vom mütterlichen Grund, abgeschnürt vom lösenden und tragenden Sein und demzufolge ein Stehen im «Bann und Schrecken» der Welt. Wo dagegen jeglicher Schwerpunkt fehlt, fehlt auch jenes Minimum an Gehaltenheit, die nötig ist, um das einströmende Sein in der uns inbildlich zugedachten Form auffangen und ins «Werk der Welt» ausgießen zu können.

*

Die Verankerung der Gesamtverfassung im rechten Schwerpunkt ist das Kernstück der Übung der reinen Gebärde; daher ist vor allem der in uns allen angelegte Sinn für die rechte Erd-Mitte zu wecken, zu üben und in der kritischen Wachheit zu bewähren.

So unendlich komplex und mannigfach auch die Erscheinungsformen und Gefährdungsmöglichkeiten der Erd-Mitte sein mögen, ihr Ruf und Zug schweigt nie und ist in einem zum Gehorsam bereiten Horchen ohne Unterlaß zu vernehmen. Er ertönt einladend und verheißungsvoll ebenso in den weltbedingten Zuständen der Angst oder Gekränktheit, Schüchternheit oder Maßlosigkeit wie auch als mahnendes Gewissen in allem Sichgeben und -verhalten, darin der Mensch an seinem Wesensauftrag vorbeilebt.

*

Mit dem falschen oder auch dem fehlenden Schwerpunkt einher geht eine Neigung zur *Verspannung*, wie zu ihrem Ausgleich der *Auflösung*. In der Verspannung drückt sich ein Vorwalten der die «Position» sichernden Aufmerksamkeit aus, die den in seinem Ich befangenen Menschen nie losläßt. Jede Verspannung und Verkrampfung bedeutet personal gesehen mangelndes Vertrauen, bedeutet, aktiv oder passiv, Selbstschutz oder Abwehr. Ihre Korrektur ist daher keine nur technische Angelegenheit, sondern die Übung in der *Gebärde des Vertrauens.*

Mit jeder Verspannung geht auch immer ein flacher, allzu hochgestellter Atem einher. Schon für sich allein bekundet er die Verhaftung im Ich und das Fehlen jener Gelassenheit, die den Menschen auszeichnet, der kraft seiner Zentrierung in der rechten Mitte, in Fühlung mit dem Sein lebt. So bewährt sich die kritische Wachheit wie im Spüren des unrechten Schwerpunktes, so auch im Spüren der Fehlspannung oder Aufgelöstheit und des falschen Atems. Wesentlich ist, daß dieses Spüren von Schwerpunkt, Spannung und Atem nicht in einem gegenständlich fixierenden, sondern in einem inständlich personalen Sinne verstanden und geübt wird. Nur dann kann es der Erfüllung des personalen Grundgesetzes dienen, das besagt, daß der Mensch dazu bestimmt ist, in seiner Daseinsform durchlässig für das Sein und vom Wesen her da zu sein. Aber das Spüren dessen, was unrecht ist, wie das Herstellen dessen, was recht ist, wird sich erst in dem Maße wirklich einstellen, als das große, existentielle *Suchen* in Gang gekommen ist.

*

Solange ein Mensch, der schon das Rechte ahnt, doch noch vorwiegend im Wunsch- und Angstsystem des Ichs denkt und seine Befreiung, Beruhigung oder Sicherung allein durch gegenständliches Erkennen und Meistern des Lebens sucht, wird er schwerlich die personale Bedeutung von Schwerpunkt, Haltung, Spannung und Atem erkennen.

Er wird das alles nur körperlich verstehen, die Fehlhaltungen nur technisch angehen und sie nur pragmatisch, d. h. um seiner Gesundheit und Leistungskraft willen, zu korrigieren versuchen. Er wird auch das Erstellen der rechten Mitte, das Sich-Festigen im Beckenraum, als einen für das Welt-Ich nützlichen Körpertrick mißverstehen und üben. Dann werden die Übungen der Mitte, wie auch die zur Beruhigung vollzogenen Übungen der Stille und die pragmatisch geübte Entspannung zum heillosen Gegenteil des Gemeinten. Es sind dann alles Mittel, die den Menschen befähigen, vorübergehend schmerzloser in seinen Fehlhaltungen und also in seinem schmerzscheuen Ich zu bleiben. Seinsbezogenes Üben dagegen wird ihm helfen, sich tapfer zu wagen, sich von seiner Weltangst zu befreien und im Annehmen und Aushalten auch «harter» Prüfungen auf dem Weg der Verwandlung zu bleiben. Das falsche Üben hält ihn in seiner Seinsferne fest.

2. DAS LASSEN

Je empfindsamer unser Gespür für die Fehlhaltungen wird, die eine falsche Verfassung anzeigen, um so mehr bekundet es eine sich durchsetzende «Präsenz aus dem Wesen». Diese Präsenz entbindet uns immer mehr, wie von selbst, zu einer wesensgemäßen seinsoffenen Form und erzeugt ein Haltungsgewissen, das sich seinerseits wiederum in der Verfeinerung der kritischen Wachheit bekundet. Immer mehr fällt dann das Spüren des Falschen zusammen mit dem Impuls des Loslassens des Falschen, d. h. dessen, was auf dem Weg zur rechten Verfassung im Weg steht; so wie es im Hinblick auf das Steuern eines Fahrrades und Autos durchaus nicht den faktisch erlebten Tatsachen entspricht, wenn man sagen würde, daß die unwillkürliche Korrektur der Fahrtrichtung, die man fortgesetzt am Steuer vollzieht, wie Ursache und Wirkung, zu trennen sei von einem ausdrücklichen Wahrnehmen der kleinen Abweichungen vom Kurs. Je geübter der Fahrer, um so mehr fallen vielmehr Erkennen der Fehlrichtung und Korrektur im inständlichen Spüren und Handeln zusammen.

*

Was heißt *«Lassen»?* So vielerlei es geben mag, von dem der Mensch sich auf dem Wege zum wahren Selbst zu trennen hat, inständlich gesehen kommt alles in der alten Wahrheit Meister Eckeharts zusammen: Das Lassen, um das es geht, ist ein *«Sich-lassen»*. Das ist eine Bewegung, mit der der Mensch sich gleichsam aus der Schlinge herauszieht, in der er sich durch seine Identifikation mit dem Welt-Ich fing und immer wieder fängt.

Das Lassen des Ichs meint sehr viel mehr als das Fahrenlassen von allerlei Dingen, an denen der Mensch hängt und festhält. Das Lassen des Ichs meint auch das

Einklammern des ganzen Koordinatensystems, das um seine «Positionen» kreist. In ihm ist alles Denken, Fühlen und Wollen am Feststehenden orientiert. Indem der Mensch hier alles in statische Sach-, Sinn- und Wertordnungen einfängt, konturiert und festhält, wird das ganze Dasein in der Welt des täglichen Lebens undurchlässig für seinen nur inständlich und existentiell zu vollziehenden persönlich lebendigen Sinn. Das Lassen bedeutet auch das Heraustreten aus der Helle des gegenständlichen Bewußtseins und ein Sich-Einlassen in das Halbdunkel eines anderen Bewußtseins, darin alles von innen her leuchtet. So löst sich eine Starre, in der alles in feststehenden Denk- oder Verhaltensordnungen fixiert ist. Es ist ein Aufgeben und Eingehen jenes Bewußtseinsstandes, darin alles zum Gegenstand wird. Es bedeutet das Loslassen einer Einstellung, in der wir uns allein auf das verlassen, was wir fest haben, wissen und können, und es bedeutet das Aufgehen einer Bewußtseinsform, in der das Leben inständlich in seiner schöpferischen Dynamik gewahrt bleibt.

*

«Lassen» bedeutet nicht nur das Fallen-lassen einer das Erkennen bestimmenden *Sicht,* sondern auch das Aufgeben des praktischen Verhaltens, das dieser Sicht entspricht. Der gegenständlich fixierenden Ich-Sicht entspricht das bewußte *Machen.* So bedeutet das große Lassen auch das Aufgeben der Einstellung, daß alles von uns ausgehende Geschehen ein «Machen» voraussetzen oder darstellen müßte.

Das an gegenständlichen Zielen orientierte Ich ist stets

von Vorstellungen bestimmt, wie das Leben eigentlich sein müßte. Beim rechten Lassen geht es um ein *Zulassen* und *Geschehen-Lassen* dessen, was ungeachtet all unserer Vorstellungen, Projektionen, Wünsche und Vorurteile uns unmittelbar als Welt begegnet und uns aus dem Wesen, das uns immerzu von innen bewegt, zuwächst.

Das Machen-Wollen steht dem, was uns aus dem Wesen anruft, im Weg. Das Festsitzen in einem bestimmten Vorstellungskreis und Bildgefüge ist eine der Hauptblockaden auf dem Wege zur Einswerdung mit dem Sein. Erst wo wir von unseren eingefleischten Vorstellungen zu lassen vermögen, können wir zulassen und annehmen, was ist, und uns ohne Zurückhaltung dem hingeben, was uns begegnet.

Zum Lassen gehört also auch das Loslassen der Vorstellung, daß alles so sein müßte, wie wir es erwarten und wünschen. So ist auch die enttäuschte Vorstellung einer auch uns verständlichen Gerechtigkeit Gottes immer wieder der Grund für das Zerbrechen des Glaubens und also das Lassen von dieser Vorstellung die Voraussetzung echter Frömmigkeit. Diese wächst nur im Annehmen des Lebens, wie es uns schicksalhaft und immer unbegreifbar begegnet, und im Zulassen dessen, was aus der Unergründlichkeit des Lebens und der Unbedingtheit des Wesens durch alle Bedingtheit hindurch als Stimmung, Forderung und Antrieb ans Licht drängt.

*

Das Vorwalten des in seinen Fixierungen befangenen Ichs, das alle Verwandlungen blockiert, manifestiert sich und ist zu verspüren auch in der *leibhaftigen* Weise, *da zu sein.* Das Lassen der in ihr erscheinenden Fehlhaltungen des Subjekts ist also kein nur innerlicher Vorgang. Es ist vielmehr vor allem ein Auflösen und Loslassen leibhaftiger Fehlhaltungen, in denen der Sicherungswille des Welt-Ichs erscheint und eingefleischt ist. So das Fallen-Lassen der hochgezogenen Schultern, in denen sich das sich sichernde Ich ver-hält; das Loslassen des Unterkiefers, in dem ein übermächtig und eigenläufig gewordener Eigenwille sich festsetzt; das Freigeben der Stirn, deren senkrechte Faltung die Erstarrung des intentionalen Blicks zugleich anzeigt und verewigt; das Zurücknehmen des gegenständlich fixierenden Auges des Welt-Ichs zugunsten des inständlich zulassenden und hinnehmend schauenden Wesensauges; das Freigeben des eingezogenen Bauches, der den Menschen von den Grundkräften abschnürt zugunsten einer breit verwurzelnden Leibesmitte, die sich voll im Beckenraum ausschwingen darf. Bei der Überwindung dieser Fehlhaltung geht es nicht nur um kleine «körperliche» Verkrampfungen, sondern um den vielseitigen Ausdruck einer zentralen Verhaltenheit eines im Welt-Ich befangenen, dem Leben nicht trauenden Subjekts. Daher gelingt das Lassen in einem den Augenblick überdauernden Sinn auch nie durch ein bloß technisches Loslassen bestimmter Muskelpartien, geschweige durch eine Spritze oder Massage. Es gelingt nur, wo der Mensch lernt, sich als Ich loszulassen, das heißt ins *Vertrauen* zu geben. «Wo» auch immer die besondere Verspannung körperlich sichtbar und fühlbar sein mag, in Wahrheit ist es immer der betreffende *Jemand,* der sich mangels rechten Vertrauens ver-hält und verspannt. Sich lassen bedeutet daher vor allem ein Zulassen des Vertrauens darauf, daß man auch, wenn man sich in seinem Welt-Ich losläßt, keineswegs in ein Nichts fallen wird. Man wird aufgefangen in einer Verfassung, in der man sich nicht mehr nur auf sich und sein Können verläßt und nicht mehr nur von der Welt her und auf sie hin da ist, sondern vom Wesen her, darin man teilhat am weltüberlegenen Sein. Wer gelernt hat, sich zum Wesen hin loszulassen, hat die Angst vor der Welt überwunden.

*

Für die Gesamt*haltung* bedeutet Loslassen vor allem den Schwerpunkt aufgeben, der den Menschen oben im Ichkreis zentriert und verhaftet. Für den *Atem* bedeutet es, daß der Akzent sich vom Machen auf das Zulassen, vom Hereinnehmen auf das Hereingeben verlagert und an die Stelle eines hochgestellten, vorwiegenden Brustatems, in dem die Trennung von der rechten Mitte eingefleischt ist, der wesensgemäße Zwerchfellatem tritt, der das Leben in der wahren Mitte zugleich freigibt und bekundet.

Alles Loslassen hat eine reinigende und verwandelnde Wirkung nur dann, wenn es weder als ein nur technisch physischer Akt noch als ein nur innerpsychischer Vorgang vollzogen wird, sondern als ein *personaler* Akt, der analytisch gesehen, psycho-physisch neutral ist. Es ist auf dem heutigen Stande unseres Denkens viel schwerer als man ahnt, die Übung, die an der leibhaftigen Verfassung des Menschen zu geschehen hat, nicht doch immer als eine bloß technische Arbeit am Körper mißzuverstehen und zu vollziehen. Aus solchen Mißverständnissen wächst dann sowohl ein falsch verstandenes zur Körpergymnastik verfälschtes Yoga als auch die Abwertung aller praktischen Übungen durch eine einseitige Psyche-Psychologie.

3. DAS EINGEHEN IN DEN GRUND

Was bedeutet im Kreisen des Rades der Verwandlung das «Einswerden mit dem Grund»? Das Lassen bedeutet das Loslassen der unter den Bedingungen des raum-zeitlichen Lebens entstandenen Paßformen und Gehäuse, in denen die sich um das Feststehende kreisende Weltpersönlichkeit im Zusammenspiel von Sicherungswillen, Werk- und Gemeinschaftsdienst erhält. In dem Maße, als sich diese Gehäuse verhärten, ist der lebendige Grund verstellt. Der Mensch fühlt sich geladen von nicht zugelassenen Energien und Impulsen, die, weil sie verdrängt sind, auf ihn zurückschlagen und ihn lähmen und zerstören.

*

Der verwandelnde Grund ist psychologisch gesehen der «mütterliche Raum» unseres Menschseins. Er wird vor allem durch ein problematisches Verhältnis des Kindes zur Mutter verstellt und an seiner Entfaltung gehindert. Sei es, daß sie ihm die zum Wachstum erforderliche Wärme versagte, sei es, daß sie das Kind in einer besitzergreifenden Liebe verschlang und nicht losließ. Wo der mütterliche Grund in uns verstellt bleibt, lebt der Mensch im Wechsel eines ihn mit der Angst des Verschlungenwerdens erfüllenden Soges, der von allem ausgeht, das in ihm oder in der Welt die «große Mutter» verkörpert und einer ihn hemmenden und deprimierenden, weil ins Unbewußte verdrängten Abwehr gegen die nicht zugelassenen Kräfte der Tiefe. Wo der Grund verstellt ist, ist der Mensch der in ihm waltenden, lösenden, einschmelzenden, bergenden und verwandelnden Kräfte beraubt. Er bleibt allein auf sein Welt-Ich angewiesen und erfährt die verstellte Tiefe als eine ihn unheimlich anziehende oder sich «dämonisch» gegen ihn auswirkende Macht, vor der er Angst hat.

Der «Grund» ist auch die Brücke zur Erfahrung des mütterlichen Aspektes des überweltlichen Seins, das alles in der Welt Seiende und Gewordene nährt, trägt, umformt und erlöst. So bedeutet das Abgeschnürtsein vom mütterlichen Grund immer auch ein Abgeriegeltsein gegen das zum Leben gehörende «Stirb und Werde».

*

In seiner überweltlichen Fülle, Ordnung und Einheit seit jeher im Glauben der Völker lebendig und in der Macht, Weisheit und Liebe ihrer Götter geschaut, tritt das Sein heute in den Kreis der *Erfahrung* des Menschen, und zwar insbesondere derer, die, einmal wirklich in Angst und Verzweiflung die Grenze der Macht und Weisheit ihres Welt-Ichs erfuhren wie derer, die aus brüchig gewordener Gemeinschaft entlassen, auf sich selbst zurückgeworfen sind.

Da das Sein in uns in unserem Wesen lebendig anwesend ist und zur Manifestation drängt, bedeutet die Erfahrung des Einswerdens mit dem Sein zugleich die Erfahrung des eigenen Wesens und umgekehrt. Wo wir wirklich einmal uns in unserem Wesen erfahren, haben wir ein Einssein mit dem Sein erfahren. Das uns erlösende und inbildlich unsere Gestalt bestimmende Sein müssen wir also in uns selbst jenseits der Grenzen unseres kleinen Ichs in der «immanenten Transzendenz» suchen. Wir können es aber nur finden, wenn unser Ich-Welt-Gehäuse durchlässig wird. Das fortschreitende Lassen der Gerüste, in denen wir uns, im Welt-Ich befangen, halten, hängt aber umgekehrt von der fortschreitenden Festigkeit unserer Seinsfühlung ab — ein ewiger Kreislauf. Erst in dem Maße, als wir lernen, die Starre der festgelegten und uns autoritär festlegenden Ordnungen und der eingefleischten Vorstellungen, wie «man» in der Welt sein und handeln sollte, zu lösen, und lernen, die eigenläufig gewordenen Formen weltangepaßten Sich-Verhaltens preiszugeben, kann unser eigentliches Wesen bleibend ins Innesein treten. Dabei ist es immer wieder schwer zu begreifen, daß dieses Lassen nicht nur das Einklammern aller theoretischen und praktischen Positionen bedeutet, durch die wir uns im Kampf gegen Natur und Schicksal auf der Ebene des natürlichen Daseins erhalten. Es verlangt ja auch ein Sich-Befreien von der Herrschaft jener objektiv nötigen Ordnungen, an denen wir als geistige Persönlichkeit orientiert sind, sofern sie uns im Wesen entmachten. Die uns bindende Orientierung an geltenden Werk- und Wertordnungen der Welt, in der wir leben, bedeutet zwar auf dem Wege des Personwerdens einen notwendigen Schritt. Mit ihm wird das egozentrische, natürliche, vorpersönliche Ich mit seinen Trieben der Ordnung und Sitte unterworfen und der Mensch gelehrt, sich im Dienen an einem Überpersönlichen zu überwinden. Aber diese Überwindung des elementaren Ichs im Dienst und im Gehorsam gegenüber väterlicher Autorität, Gemeinschaft, Sitte, Glaubenslehre und Werk bewirkt über das Zurückdrängen des elementaren Ichs hinaus oft auch ein Zurückstellen und Verdrängen der Individualität unseres Wesens. Dann aber ist es auch eine Behinderung und Einschränkung der unmittelbaren und unbefangenen Fühlung mit dem Leben. Die zuverlässige «feste Persönlichkeit» ist also noch lange nicht die durchlässige, in stetem Reifen bleibende Person.

*

Personwerden hat die unverstellte Offenheit für das Leben und das Zulassen des Wesens sowie die Integration mit ihm zur Voraussetzung. Dieser Integration geht das Erwachen zum Wesen und das Aufgehen des Wesens voraus — aber auch die harte Auseinandersetzung mit der ihm feindlichen oder förderlichen Welt.

Denn zum Ernstnehmen des Wesens kommt hinzu das Eingehen auf seinen Drang zu seiner Artikulation *in* der Welt! Dieser Drang ist die unbedingte d. h. durch keinerlei Bedingtheit einschränkbare, schöpferische, zur Formwerdung treibende und befähigende Triebfeder aller menschlichen Existenz. Darum gerät auch der Mensch in dem Maße, als er sich in Lebensformen festsetzt, die das Zulassen des Wesens ins Bewußtsein verhindern oder

der Begegnung des Wesens mit der Welt abhold sind, an eine Grenze.

In seinem Welt-Ich dem göttlichen Sein entfremdet, in seinem Wesen ihm aber unverwandt verbunden, erlebt der Mensch früher oder später nicht nur das Leiden an der Entfremdung, sondern auch den geheimen Zug und Druck aus der verborgenen Heimat; denn sie gibt ihn niemals ganz her. In dem Maße, als er sich von ihr entfernt, macht sie sich als schmerzliche Sehnsucht nach Erlösung, als liebender «Heimzug» und als rufendes Gewissen bemerkbar. Die Antwort darauf ist die rechte Arbeit an sich selbst.

Je verhärteter die eingefleischten Vorstellungen und von der Welt her bedingten Fehlhaltungen sind, um so weniger vermag das Wesen unmittelbar ins Innesein zu treten. Sein verdrängtes Leben wird zur dunklen Macht und treibt als Schatten im Unbewußten sein Unwesen. Gewiß, der Mensch muß sich «ethisch» in Zucht halten. Wo das Ergebnis dieser Zucht aber nur «aufgesetzt» ist und keine Verwandlung erbrachte, bedeutet sie auch «Verdrängung». Solange der Mensch aber seine Verdrängungen nicht erkannt, den Grund nicht bereinigt und die Kräfte der Tiefe nicht neu zugelassen und in fruchtbare Bahnen gelenkt hat, wird er nicht frei.

*

Dem Weg zur lichten Höhe wesensgemäßen Werdens geht der Gang in die «dunklen», das heißt ins Unbewußte verdrängten Tiefen voran. Nur im Erkennen und Annehmen des «Schattens», im schmerzlichen Erkennen der verhärteten Fehlantworten ans Leben, im Wahr-

Nehmen, Assimilieren und Durchleben der (archetypischen) Figuren, in denen die verdrängten Kräfte Gestalt annehmen («fressende Mutter» usw.), wird Schritt für Schritt der Weg zur echten Einswerdung mit dem Wesen und zum Neuwerden aus dem Wesen frei. All dieses Tun kann aber im Grunde nie etwas anderes sein als der Ausdruck des Gehorsams gegenüber dem Ruf, aus der Entfremdung wieder hinzufinden zur Heimat des Ursprungs, «einzugehen» in den Grund, um von ihm aus dann neu aufzugehen — dem Wesen gemäß. Gewiß, was unsere Wesens-Heimat ist, können wir nur auf dem Hintergrund der Entfremdung in der Welt entdecken. Aber wer auf diesem Hintergrunde einmal wirklich die Wesensheimat geschmeckt hat, kann auch dort in Freiheit und Verantwortung von ihr zeugen, wo er — Schicksal und Auftrag des Menschseins — wieder in den Ordnungen der Ich-Welt-Wirklichkeit leben und wirken muß.

*

Die Verfehlung des Wesens, die in den heillos sich auswirkenden Fehlhaltungen erscheint, bildet den Hauptgegenstand der kritischen *Wachheit*. Den Weg zum Wesen freizugeben ist der Sinn alles *Loslassens*. Der Sinn des dritten Schrittes der Verwandlungsformel ist das *Einswerden* mit dem Grund. Dieses Einswerden hat viele Stufen. Im höchsten Falle bedeutet es das Eingehen in die mütterliche Einheit des Seins, in der alles Wesenswidrige und im Zeichen des Welt-Ichs Verhärtete wieder eingeschmolzen und umgeschmolzen wird und es zur Geburt eines neuen Ichs kommt. Von dieser *höchsten* Form her sind alle geringeren Formen der Einswerdung zu verstehen. In einer personalen Anthropologie sind *alle* Lebensäußerungen und Entwicklungsstufen des Menschen von «oben», das heißt von der dem Menschen möglichen Höchstform her, zu verstehen, auf die er bestimmungsgemäß angelegt ist und im Grunde hindrängt. Auch dic genetisch «unten» im «Unentwickelten» beginnende Betrachtung ist blind, wenn sie nicht an dem orientiert ist, wozu es als Höchstes bestimmt ist.

*

Wenn vom überweltlichen Sein die Rede ist und von der verwandelnden und schöpferisch erlösenden Einheit des Grundes, erhebt sich immer die Frage: Ist es nicht anmaßend, über etwas sprechen zu wollen, das offenbar das letzte Geheimnis des Lebens und des Menschseins berührt und sich allem Begreifen entzieht?

Gewiß, es darf nur mit großer Behutsamkeit und Zurückhaltung geschehen, und doch dürfen wir heute nicht mehr in einem Ausmaß geheimnisscheu sein, das uns wesensblind und wesenstaub macht; denn die Zeit ist gekommen, in der der Mensch zur Erfahrung einer Wirklichkeit herangereift ist, die bislang allein zur Sphäre des Glaubens gehörte. Aus *Erfahrungen,* die uns «von woanders her» im tiefsten berühren, erschüttern, beschenken und verwandeln, dürfen wir heute *wissen* und nicht nur glauben, daß wir teilhaben an einem Sein, das wir, weil wir es auch in uns als das «ganz Andere» erfahren, im Unterschiede zu dem uns bekannten Weltdasein als «überweltlich» bezeichnen. In solch tiefen Erfahrungen erleben wir es, daß wir im Grunde, das heißt in unserem Lebenskern, selbst mehr *sind,* als wir für gewöhnlich im Bewußtsein *haben.* Insbesondere erfahren wir hier, daß wir in der Unbedingtheit unseres Wesens auch immer mehr sind, als wir es je in der Weltgestalt, die sich unter den Bedingungen des Daseins bildet, zu werden vermögen. Doch wir dürfen, ja sollen uns freudig dessen bewußt werden und gegenwärtig halten, daß uns das Geheimnis des Grundes als des Großen Lebens fortgesetzt in unserem kleinen Leben erneuernd, verlangend und fordernd durchwittert. Es geschieht dies mit einer solchen Dichte und Kraft, daß man nur staunen kann über das, was die bannende Kraft des an seiner Selbstbewahrung oder am «Objektiven» orientierten Ichs durch Verdrängung der wesenseigenen Kräfte an verhüllender Distanzierung des wahren Seins in jedem von uns fertiggebracht hat und immerzu weiter vermag. Sie rückt in das Dunkel eines undurchdringlichen Geheimnisses, was sich, wo die Tiefe in Bewegung kommt und der Schleier der alles verhüllenden Begrifflichkeit fällt, sich uns als lichteste Erfahrung schenkt.

Wo der Mensch auf diese Erfahrung des Seins zugeht und in mutiger Übung alle Schranken der Ordnungen durchbricht, in denen das Leben sich dem denkenden und handelnden Welt-Ich präsentiert, beschreitet er den Weg der Initiation, den «Einweihungsweg der Seele».

*

Wo der dritte Schritt, das Eingehen in den Grund, in vollem Ausmaß gelingt, tritt, in der Sprache des eigenen Wesens, das Sein immer in seiner Dreieinheit ins Innesein: als unsagbare *Fülle,* von deren Macht sich der Mensch fortan in aller Gefährdung getragen und gehalten, gespeist und erneuert fühlt; als eine unbegreifbare *Ordnung*, aus der die Helligkeit eines ungeahnten und nun zu neuer Gestaltwerdung verpflichtenden Sinnes aufsteigt, und als bergende Kraft einer alldurchdringenden *Geborgenheit*, in der der Mensch einer überweltlichen Verbundenheit innewird. Diese alles neu machende Erfahrung ist, wenn sie den Menschen ein für allemal auf den Weg setzt und dadurch vom Subjectum mundi in das Subjectum Dei verwandelt, *die* «Große Erfahrung»[1], *der* «Durchbruch zum Wesen»[2]. Man kann sie nicht machen, noch willkürlich herbeiführen, aber man kann sich zu ihr bereiten. Und dieses Sichbereiten ist das erste Ziel aller existentiellen Selbsterforschung und Übung des Menschen, der sich allem zuvor als Diener des Seins fühlt.

*

Der «Großen Erfahrung» sind vorgelagert die auf sie hinweisenden kleinen Erfahrungen des Seins, die Lichter auf dem Wege, der zu ihr hinführt. Aber ein Schimmer von dem, was die Große Erfahrung uns schenkt, kann schon in jeder Übung der Stille, in jeder echten Meditation, in der es wirklich zum Loslassen des Welt-Ichs kommt, verspürt werden. Ja noch mehr: Ein Funken dessen, was in der Großen Erfahrung leuchtend in uns aufgeht, kann in jeder Situation unseres Lebens aufglim-

[1] Vgl. Dürckheim, «Im Zeichen der Großen Erfahrung», 2. Aufl. 1961. O.-W.-Barth-Verlag.

[2] «Durchbruch zum Wesen». Huber-Verlag, Stuttgart-Bern.

men, in die man sich wirklich hineingibt, es also wagt, sein Ich mit all seinen Vorurteilen, Sicherungen und Vorbehalten hinzugeben und, so schwer es auch fallen mag, eingehen zu lassen, um in die Wahrheit zu kommen. In dem Maße, als die große Verwandlungsformel im Menschen wirklich Platz greift, so daß er endlich loszulassen, seine Tiefen und Untiefen zuzulassen und sich hinzugeben gelernt hat, kann der lösende, erleuchtende und erwärmende Funke des Großen Lichtes immer häufiger aufglimmen und schließlich zu einer Komponente der Grundstimmung unseres Lebens werden. Dies geschieht um so eher, als der Mensch auch den Mut zum unbefangenen Zulassen der aus dem Wesen kommenden «reinen», das heißt noch nicht dem Ich-Gehäuse eingeordneten, ursprünglichen Antriebe gewinnt. Mit dieser den Augenblick überdauernden Grundstimmung wächst eine neue und höhere Weise des In-der-Welt-Seins, das sein wirkendes und sinngebendes Zentrum nicht mehr in der Welt, sondern im Sein, nicht in dem sich wahrenden Welt-Ich, sondern im verwandelnden Wesen hat. Dies bedeutet dann auch das Sichbilden eines *neuen Bewußtseins;* denn während das Bewußtsein des Welt-Ichs sich an feststehenden Begriffsordnungen, im gegenständlichen Fixieren, im Unterscheiden und Einordnen, im Haften und Denken in Gegensätzen bildet und auswirkt, bekundet sich das Wachsen des höheren, im Wesen zentrierten inständlichen Bewußtseins sowohl im Entstehen einer Kraft zum Annehmen der Untiefen, Abgründe und Widersprüche des In-der-Welt-Seins als auch im Zulassen überweltlicher Mächte und Ordnungen und damit im

Zunehmen der Kraft zur Verwirklichung der wesenseigenen Gestalt — auch unter den Bedingungen der Welt.

*

Die ersten Begegnungen mit dem uns durchwaltenden, überweltlichen Sein bedeuten eine Erschütterung des gewohnten Lebensgehäuses. Sie liegen viel früher, als man gemeinhin annimmt. «Ersterlebnisse»[1] im Übergang von einer Bewußtseinsstufe zur anderen, so im Augenblick des Zerbrechens ursprünglicher Einheit und der Entdekkung des Ichs und einer gegenüberstehenden Welt, weisen in die frühe Kindheit zurück. So wenig das Kind den Sinn dieses unerhörten Erlebnisses begreift, so heillos wirkt sich beim Erwachsenen sein zwangsläufiges Begreifen*müssen* dort aus, wo ihm einmal im Durchbruch durch sein Gehäuse eine Seinserfahrung zuteil wird. Solange das Welt-Ich noch herrscht, wird das, was beim Innewerden des Seins erlebt wird, flugs in einen gegenständlichen Inhalt verwandelt. So auch wird der vom Göttlichen heimgesuchte Mensch immer in der Gefahr sein, daß er in dem Augenblick, in dem er ihm begegnet und finden könnte, was er im Wesen von jeher gesucht hat, es verliert, weil er es fixiert und benennt. Es betrügt sich der Mensch um die Frucht einer ihm gnädig gewährten Erschütterung, wenn er den in ihr aufgehenden unheimlichen, weil unbegreiflichen Gehalt in vertraute Begriffe und Bilder einfängt, die den numinosen Kern des Erfahrenen im Einordnen mindern und seinen Segen ver-

[1] Vgl. Gebsattel, «Ersterlebnisse» in der Festschrift für Buitendyck, 1961.

tun. Zum Zulassen des Grundes gehören der Mut zum Unerhörten, der Verzicht auf verstehendes Einordnen, das Aushalten-können des begrifflich nicht Faßbaren, kurz, ein Innehalten und inständliches Verweilen in der ungewohnten Strahlung des Seins.

*

Die Übung des Eingehens, also der dritten Speiche im Rad der Verwandlung, bedeutet vor allem die Übung zum Aushalten des ins Innesein tretenden Wesens; denn mit ihm taucht eine für das Welt-Ich unzugängliche Dimension auf. Und so gehört zur Übung, die dieses Innewerden bereitet, alles, was dem Welt-Ich den gewohnten Boden entzieht und die gewohnten Gehäuse zum Einsturz bringt[1]. Dazu gehört, so wie das Infrage-Stellen jeder scheinbar gesicherten und beruhigenden Position, so auch die Überwindung der Schmerzscheu und Vernichtungsangst des auf Selbsterhaltung gestellten Ichs. Nur wo der Mensch das für ihn Feststehende immer wieder aufs Spiel setzt, kann das nie Feststellbare sich durchsetzen, kann das LEBEN uns in seinem Glanz und in seiner Finsternis berühren und das Sein erneuernd und verwandelnd in uns einschließen.

*

Ein Mensch, der wirklich auf dem «Weg» ist und in Weltnot gerät, sucht nicht immer den, der ihm Zuflucht und Trost gibt und ihn befähigt, als der alte zu «überstehen». Er sucht vielmehr den, der ihm unerbittlich und treu hilft, sich zu wagen, eine Not auszuhalten und das Lei-

[1] Vgl. Dürckheim, «Zen und Wir», 1961. O.-W.-Barth-Verlag.

den als «Furt zum anderen Ufer» mit Tapferkeit zu durchschreiten. Nur in dem Maße, als der Mensch sich immer wieder der Vernichtung aussetzt, kann das Unvernichtbare ins Innesein treten. Das ist auch die Würde des Kühnen. So geht es in aller Übung auch nie darum, daß der Mensch eine Verfassung ausbildet, die ihn zu «Gleichgewicht und Ruhe» kommen läßt, in der ihn nichts mehr berührt, sondern umgekehrt darum, daß er es lernt, sich angreifen, berühren, treffen, kränken, sprengen, zerschlagen zu lassen, mit einem Wort, daß er es wagt, von seinem falschen Verlangen nach schmerzloser Harmonie und glatter Oberfläche zu lassen, um im mutigen Kampf mit den Mächten zu finden, was ihn jenseits der Gegensätze erwartet. Es geht um den *Mut zum Leben,* also darum, sich in der Welt auch gefährlichen Begegnungen zu stellen und in der Versenkung, statt sich im Fixieren eines Gegenstandes gegen das Unbewußte zu schützen, das Hochkommen aller «Dämonen» zu begrüßen. Nur im immer neuen Durchschreiten einer Zone der Vernichtung kann die Fühlung mit dem aller Vernichtung enthobenen Sein sich festigen. Und je mehr der Mensch es lernt, ohne Reserve der ihn gefährdenden, sinnwidrigen, mit Isolierung drohenden Welt zu begegnen, um so mehr öffnet sich ihm die Tiefe des Grundes, und ein Tor zu neuem Leben und Werden geht auf.

*

Die Begegnung mit dem von allen Ichfesseln ledigen Wesen, das Fühlen des alle Weltposition aufhebenden Seins, ist eine erschütternd beglückende, weil von Grund auf zur «Bewegung» erlösende Erfahrung. Aber die im

Einswerden mit dem Wesen erfolgende Einschmelzung dessen, was dem wahren Leben entgegensteht, ist kein Selbstzweck. Die Seinserfahrung darf nicht im Zustand der Aufhebung des Welt-Ichs verebben, so groß auch die Verlockung zum Verweilen dort ist; denn der Sinn der Entgrenzung erfüllt sich erst dort, wo die in der Einswerdung mit dem Grund erfolgende *Erlösung* vom Alten in den schöpferischen Impuls zu neuer *Gestaltwerdung* umschlägt. Der Sinn der Auflösung der leidvollen Spannung zwischen Welt-Ich und Wesen ist die Einlösung ihres Sinnes: den Menschen von seinem Irrweg auf den rechten Weg zu ziehen, ihn also nicht heimgehen und eingehen zu lassen in «ewige Ruhe», sondern ihn erst richtig aufgehen zu lassen zu jener nie endenden Verwandlungsbewegung, in der allein er sich der Erfüllung seiner Bestimmung zu nähern vermag, «Person» zu werden, in der und durch die das Sein sich im Dasein offenbart.

4. DAS NEUWERDEN
(Inbild und Entscheidung)

Ich erinnere mich an die Schilderung einer Frau, die, in schwerer Krankheit einmal — wie sie glaubte — schon sterbend, ihr endgültiges Eingehen in den Seelengrund spürte, und zwar als einen beseligenden Zustand vollkommenen Heimgenommen-Seins in ein grenzenloses Meer der Liebe. Sie erinnerte sich auch, wie glückselig und widerstandslos sie sich in diesem Zustande alles erlösenden Entgrenztseins «hinübergehend» gefühlt hatte.

Und da sei dann etwas Eigenartiges geschehen. Plötzlich habe sie sich als einen in allem Licht noch in besonderer Weise leuchtenden Kern wahrgenommen. Und im gleichen Augenblick habe sie auch gewußt, daß sie nicht fortgehen durfte, sondern zurückkehren mußte. Das Gefühl, ein eigener Lichtkern zu sein, fiel zusammen mit dem als Verpflichtung erfahrenen Impuls «zurück in die Welt»; und dieser Impuls hatte zugleich etwas so Gebieterisches an sich, daß sie nicht umhin konnte, ihm zu folgen — und so sei sie also am Leben geblieben.

In diesem Bericht sind sehr anschaulich die wesentlichen Momente enthalten, die für den Beginn des Neuwerdens kennzeichnend sind: das Eingehen in den Grund, die Begegnung mit dem «Kern» und der neue Aufbruch! Der Sinn dieser Stufen zeigt sich am eindeutigsten in der «Großen Erfahrung». Das Prinzip dieses Dreischrittes beherrscht aber jedes richtig vollzogene Exerzitium (so auch schon die recht vollzogene Übung des meditativen Sitzens). Es gilt aber auch für jede wesensgemäß vollzogene Situation des Alltags.

*

In der «Großen Erfahrung»[1], in der es wirklich zur Metanoia, zu einer Umkehr und Neugeburt kommt, sind immer zwei Momente enthalten: die Erfahrung des *All-Einen,* als des alles in seiner Stille aufhebenden «Einen Seins» und die Erfahrung der besonderen Weise, in der

[1] Vgl. Dürckheim, «Im Zeichen der Großen Erfahrung». O.-W.-Barth-Verlag.

man als *individuelles Wesen* am Sein als dem Großen *Leben* teilhat und mit dynamischer Wucht ans «Licht der Welt» drängt. Die Erfahrung des Seins als des LEBENS, das in uns zum Offenbarwerden in der Welt drängt, *ist* die Erfahrung des Wesens. Die eine Seite der *«Großen Erfahrung»* bedeutet die Einschmelzung des Welt-Ich-Gehäuses und hat *erlösenden* und *entpflichtenden* Charakter. Die andere bedeutet die Begegnung mit dem eigenen Wesen und seinem Drang zur Manifestation in einer bestimmten Gestalt. Sie hat *schöpferischen* und *verpflichtenden* Charakter. In der erlösenden Befreiung vom Ich überschreitet man erst nur die Schwelle zur Geburt der Person. Die Geburt selbst beginnt erst mit der Erfahrung des Wesens als verpflichtendem Ruf. Die Begegnung mit dem eigenen Wesen, die das Freiwerden vom alten Adam voraussetzt, enthält also nicht nur das beglückende Innewerden der eigenen Individualität, den «Jubel» im Spüren persönlicher Teilhabe am Sein («daß man es selbst *ist*»). Es enthält zugleich das schwerwiegende Vernehmen des Auftrages, die Teilhabe am überraumzeitlichen Sein in der Sprache der eigenen Individualität im raumzeitlichen Dasein zu bekunden. Nun heißt es im Zulassen des Wesens, in klarer Entscheidung die Verantwortung für die Verwirklichung seines Bildes in lebensfähiger Gestalt übernehmen. Darüber hinaus gilt es, sich selbst in neuer Begegnung der Welt fortan als der «Jemand» zu artikulieren und zu bewähren, als den man sich in der Großen Erfahrung in unbedingter Weise erfuhr und erstmalig wirklich gespürt hat. Und was hier in einer Sternstunde als «Große Erfahrung» erlebt wird, das klingt erlösend und verpflichtend in jeder auch noch so flüchtigen Seinsfühlung an.

*

Der Auftrag zur Verwirklichung und Bewährung des als unbedingte Forderung erfahrenen eigenen Wesens unter den Bedingungen der Welt bezieht sich nicht nur auf die Gestaltwerdung der eigenen Person, sondern nicht weniger auf die Ordnung und Gestaltung der mit ihr verbundenen Welt. Auch im Meistern der Welt und im Dienst am Werk gilt es zu zeugen vom Sein. Gerade auch im Dienst an der Welt geht es letzten Endes weder um uns und unser Heil, noch um die Welt und ihre Vollendung, sondern, in der Bemühung um beides, um den *Dienst am lebendigen Sein* in uns und in der Welt. Der Mensch erlebt in der Großen Erfahrung, daß er vom Wesen her zu einem bestimmten Jemand angelegt ist, zugleich aber auch, daß er den *Auftrag* hat zu einer bestimmten Gestaltwerdung seiner selbst und der Welt. Das Besondere der «Gestalt», zu der er selbst und die Welt bestimmt sind, ist ihre *Transparenz für das Sein*[1]. Erst in dieser Transparenz der gestalteten Welt gewinnt leibhaftige Wirklichkeit, was in der inneren Erfahrung als verpflichtende Prägung, als inneres Bild, als Inbild und «Inweg» gespürt wurde. Die menschliche Form leibhaftiger Wirklichkeit des Inbildes in der Welt ist die *Person.* Sie ist nie eine feststehende, sondern eine in nie endender Verwandlung transparent bleibende Form. Sie

[1] Vgl. Dürckheim, «Auf dem Weg zur Transparenz» in «Transparente Welt», 1965. Huber-Verlag Stuttgart-Bern.

ist eine «Formel» des Lebens, durch die in einem nie endenden «Stirb und Werde» das Sein als Fülle, Formkraft und Einheit im Leben des Menschen immer eindeutiger hervortritt.

*

Die drei Voraussetzungen, die für alle Erkenntnis, Entfaltung und Bewährung des wahren Selbst und so auch für alle Übung und Führung maßgebend sind, sind die folgenden: Die Möglichkeit zur Erfahrung des Inbildes als der Weise, in der man selbst, wie auch die Welt, vom Wesen her zu einer bestimmten, nie «fertigen» Verwandlung und Gestaltwerdung angelegt ist; die Möglichkeit, dieses Inbild immer klarer als «In-Weg» innewerden zu lassen und im Innesein zu bewahren; die Möglichkeit, sowohl in besonderer Übung wie auch in der unablässigen Übung im Alltag uns und unsere Welt zur Transparenz auf das Sein hin zu verwandeln.

*

Es ist durchaus natürlich, daß in der heute herrschenden Lehre vom Menschen, die vorwiegend im Bemühen um die Beseitigung neurotischer Störungen entstand, die die Leistungs-, Werk- und Kontaktfähigkeit des Menschen blockieren, die Bedeutung der geschichtlichen Entwicklung menschlichen Werdens (Familienroman usw.) stark in den Vordergrund trat. Dies aber darf nicht dazu führen, daß der eigentliche Nerv wahrhaft menschlicher Existenz, die Bestimmung zur Manifestation des übergeschichtlichen Seins und ihre innermenschlichen Voraussetzungen in der geschichtlichen Welt: das maßgebende Bild des Menschen und das Gesetz seines Weges überschattet oder gar völlig verdunkelt werden. Wer aber gibt heute jenem «Inbild» des Menschen, das weder auf psychologische noch auf soziologische Bedingungen zurückgeführt werden kann, und dem uns allen eingeborenen «In-Weg» in Theorie und Praxis die rechte Ehre?

*

Was ist mit dem *Inbild* gemeint? Nehmen wir an, wir sehen eine betrunkene Frau — woran nehmen wir da eigentlich Anstoß? Doch wohl daran, daß sie «das» Bild des Menschen verletzt. Dies *kränkt* uns, ganz unabhängig davon, aus welcher Lebensgeschichte oder besonderen Lebenssituation diese Trunkenheit erklärt werden kann. Es kränkt uns ein solcher Anblick unter Umständen so sehr, daß uns bei allem Verstehen und Mitleid für diesen armen Menschen diese Verletzung der menschlichen Würde erzürnt. Die Treue des Menschen zu dem in seinem Wesen anwesenden Sein bezeugt sich auch in der Würde seiner Erscheinung. Sie hängt ab von der Wahrung derjenigen Weise da zu sein, in der das bekundet und erhalten wird, was wir das Inbild des Menschen nennen.

Das Inbild ist keine idealisierende Wunschvorstellung und keine abstrakte Idee. Es ist im Gegenteil die grundlegende Realität unserer menschlichen Existenz. Als «wirklich» bekundet das Inbild sich in seiner lebensbestimmenden und gewissenbildenden Kraft und seinem nie schweigenden Drang und Ruf zu einem individuellen *Weg*. Ja das Inbild *ist* im Grund unser «In-Weg». Unablässig zielt es drängend, fordernd und verpflichtend darauf, in einer Verfassung in Erscheinung zu treten, die ihm entspricht. Die Unterdrückung dieses Dranges und der Ungehorsam gegenüber seiner Forderung wirken sich in der Heillosigkeit und im Krankwerden des Menschen in der Welt aus. Das Inbild des Menschen ist also nichts anderes als sein Wesen, verstanden als die drängende, verpflichtende und die Grundsehnsucht bestimmende Werdeformel der in ihm zur Offenbarwerdung des Seins angelegten Wesensgestalt. Das Wesen verstanden als Inweg ist die uns eingeborene Formel des Werdens, dergemäß uns ganz unabhängig von den äußeren Bedingungen des Lebens und nicht nur «biologisch» eine ganz bestimmten Folge von Entwicklungsschritten hin zur «Transparenz» eingezeichnet und aufgegeben ist.

*

Das Inbild ist der uns eingeborene Weg zu uns selbst. Sowohl als allgemein menschlicher wie als jeweils besonderer Auftrag ist es jedem Menschenleben vorgegeben als etwas, das *unbedingt* gilt. Es läßt die Erfüllung seines Anspruchs auf Verwirklichung nie von Bedingungen abhängig sein. Gerade in der Unbedingtheit und Unausweichlichkeit, mit der dieser Anspruch auf Verwirklichung verspürt wird, erweist das Inbild seine Realität. Die Nichtbeachtung oder Verdrängung dieses Anspruchs macht den Menschen krank.

Der Geltungsanspruch des Inbildes ist eine dem Menschen immanente Forderung zur Verwirklichung seiner selbst und seiner Welt gemäß einer bestimmten Formel des Werdens. Diese meint eine leibhaftige Verfassung, die ein wesensgemäßes Verhalten unter allen Bedingungen gewährleistet. Die Unbedingtheit, mit der die Forderung des Inbildes im Menschen da ist und wirkt, duldet keine Entschuldigung durch irgendeine Lebenssituation. Dies setzt einem nur verstehenden Verhalten gegenüber einem Menschen, der unter den Folgen seines Versagens leidet, deutliche Grenzen.

*

Wir gewinnen heute einen immer tieferen Einblick in die psychologischen Bedingungen menschlichen Werdens und erkennen immer klarer die Ursachen, aus denen die Fehlformen seines Verhaltens entstehen. Dies verleitet uns leicht dazu, für das, was unter den Bedingungen von Raum und Zeit anscheinend zwangsläufig entstand, *allzu* «verstehend» zu sein. Wo wir aber das Verdorbene als das unter zwingenden Bedingungen Gewordene nicht nur verstehen, sondern überdies auch glauben immer entschuldigen zu müssen, verstoßen wir leicht gegen das dem Menschen innewohnende Grundgesetz personalen Werdens. Wir enttäuschen dann auch die im Verborgenen doch stets vorhandene Sehnsucht, in der Unbedingtheit des Wesensanliegens ernst genommen und auf dem Weg zu seiner Erfüllung gehalten zu werden. Mit dem bloßen Verstehen gehen wir, wenn wir nur trösten und alles entschuldigen, an der Freiheit und Verantwortlichkeit des Menschen vorbei. Wir verlegen ihm, in der Meinung, ihm Gutes zu tun, in Wahrheit damit oft den Weg der Verwandlung.

Gerade der Mensch, der sich unter den Bedingungen seines Lebens in der Auszeugung seines Wesens verfehlt hat und nun unter seiner Verstelltheit leidet, kann der

Lichtgeburt näher sein als der, dem dieses Leiden versagt ist. Gerade ein Mensch, der sich in der tiefsten Dunkelheit seiner Verlorenheit in der Welt fühlt, die ihn, solange er im Ich festsitzt, in Angst, Verzweiflung und Einsamkeit stürzt, ist besonders bereit für den Ruf aus dem Wesen und so auch für einen Anruf, der sein Ich-Gehäuse durchstößt und ihm sein Wesen bewußt macht. So müssen wir bisweilen gerade dort, wo ein uns aufgegebener Mitmensch in der Entfremdung gegenüber dem Sein an eine Grenze gelangt und völlig verzweifelt ist, den Mut aufbringen, gegebenenfalls auf den tröstenden Zuspruch zu verzichten und, der tieferen Wahrheit gehorsam, unbeirrt auf sein Inbild hinblicken, dessen Zutagetreten der Sinn seiner Verdunkelung ist und ihn in die Ordnung des Inbildes, d. h. auf den Inweg zu rufen. Das bedeutet nicht, ihn autoritär «zur Ordnung» rufen (was ihn, im Protest, nur noch mehr in seiner Ichform verhärtet!). Es bedeutet vielmehr, ihn in seinem Inbild *anrufen* und zu sich selbst *hinrufen!* Der rechte Mensch will lieber unter der Treue zu seinem Wesen leiden, als seine Freiheit von diesem Leiden mit dem Verrat an ihm erkaufen. Eine wesenswidrige Gesundheit, Leistungsfähigkeit, die der Fühlung zum Wesen ermangelt, ist, sowie auch eine glatte Weltangepaßtheit, die solche Fühlung scheinbar unnötig macht und dadurch verhindert, auf die Dauer heillos. Umgekehrt entbindet der Appell an das Inbild eine wundersame notwendende Kraft. Wir dürfen immer der Heilkraft des Inbildes vertrauen, das als In-Weg ins Innesein tritt und können darauf bauen, daß sie nicht nur die leidbringende Verhärtung schicksalbedingter

Fehlantworten einschmilzt, sondern darüber hinaus die Schöpferkraft des Grundes wieder befreit.

*

Das Anspringen, Aufgehen und Aufnehmen des Inbildes ist nicht ein nur innerer Vorgang, sondern verwandelt uns auch im Leibe. Was bedeutet «Leibhaftigkeit des Inbildes»? Es bedeutet: Sichtbarwerden des Wesens in der auch raumzeitlich bedingten Lebensgestalt d. h. in der Weise, in der Welt «da» zu sein! Die durchlässige, immer in Verwandlung befindliche Form, die der Mensch im fortschreitenden Auszeugen seines Inbildes gewinnt, unterscheidet sich von einer «harten» Ich-Welt-Form, die, aus Wünschen und Ängsten geboren, den Sicherungswillen bezeugt. Sie unterscheidet sich auch, weil aus dem Wesen gewachsen, von der «Persona», die eine «Vorstellung» des Vollendeten darstellt und den «Schatten» verbirgt.

Eine reine Bezeugung des Inbildes gibt es nicht, ebensowenig eine Lebensgestalt, die nur von der Welt her bedingt ist. Auch in der noch so sehr von der Welt bedingten und das Wesen verhüllenden Paßform schimmert das Inbild hindurch. Und das Inbild tritt auch im günstigsten Fall immer nur «bedingt» in Erscheinung. Die gültige Lebensgestalt hängt vom rechten Verhältnis beider Faktoren ab. Alle Erkenntnis und Führung des Menschen muß beide Faktoren im Sinn haben. Im Zuge des Werdens muß jedoch die Vorherrschaft der an der Welt orientierten Lebensform durch jene andere abgelöst werden, die dem Vorrang des Wesens entspricht und des Anspruchs, der aus seiner Inbildlichkeit kommt und sich in der Treue zu dem nie endenden In-*Weg* erfüllt.

*

Die im Zuge des Werdens zunächst entstehende Lebensform ist vorwiegend das Ergebnis der Auseinandersetzung mit den geschichtlichen Umständen des Lebens. In der Auseinandersetzung mit ihnen sucht der Mensch sich durchzusetzen und sich möglichst schmerzfrei in einer Form einzurichten, die den Chancen, Gefahren und Forderungen der Welt angepaßt ist.

Wo das Leben des Kindes im Zeichen eines entmutigenden Drucks, eines verbiegenden Unverstandes oder einer Lieblosigkeit steht, die es auf sich selbst zurückwerfen, antwortet es mit der Entwicklung einer Paßform, die das natürliche Ich schützt, dabei aber die Entfaltung des individuellen Wesens verstellt. Die *Paßform* behindert die Entwicklung der vitalen Wurzelkraft, beeinträchtigt den wesenseigenen Drang zu bestimmter Gestalt und schränkt das Vermögen zu lieben ein. Je mehr die Paßform sich verhärtet, desto mehr wird das Selbstbewußtsein des Menschen auf seine eigene Leistung, auf sein Haben, Wissen und Können gestellt. Es wächst die Abhängigkeit von der Welt und auch die Gefahr der Einsamkeit und Isolierung. Findet der Mensch wieder hin zur Wurzelkraft seines Wesens, so wird er in seinem Selbst-Kraft-Bewußtsein und in seinem Selbst-Wert-Bewußtsein wieder unabhängig von der Welt und bleibt doch auch ihr zugleich im Wesen verbunden; denn in seiner Wesensform artikuliert sich ja immer das der Welt zwar überlegene, zugleich aber *alles* Seiende durchdringende und verbindende Sein. Darum hat auch der Mensch, der von seinem Inbild her präsent ist, auch dort, ja gerade dort noch etwas Verbindendes, wo seine Anwesenheit für alle, die ihm begegnen, eine Forderung, ein für alle verbindliches leibhaftiges «Gewissen» darstellt; denn in jedem Menschen lebt im Grunde der Wunsch und die Hoffnung, in seinem besten Bilde nicht nur gesehen, sondern herausgefordert zu werden, und dies auch unter Umständen, die seine Fehlhaltung verständlich machen und entschuldigen mögen. Die Sehnsucht zu wesensgemäßer Selbstverwirklichung ist im Grunde immer stärker und tiefer als der Wunsch, auch dort, wo man versagt, ohne Einschränkung entschuldigt zu werden.

*

Von dem Augenblick an, in dem der Mensch seinem Inbild begegnet und den *Ruf* zu einer ihm gemäßen Selbstverwirklichung vernimmt, geht es darum, daß er diesem Ruf folgt. Dazu genügt nie, daß er von ihm ergriffen werde, er muß dem Impuls, der ihn vom Wesen ergreift, von sich aus zustimmen, sich für ihn entscheiden, und das heißt, er muß ihn von sich aus ergreifen! Er muß den Eigenwillen seines nur weltbezogenen Ichs aufheben, dafür aber das, was ihm vom Grunde her zuwächst, in die Verantwortung seines eigenen Willens aufnehmen. Es ist also nicht so, daß der Mensch sich, wenn er dem Wesen gehorcht, seiner Freiheit und seines Willens begibt. Im Gegenteil, mit der Unterwerfung des Welt-Ichs unter die Forderung des Wesens gewinnt der Mensch erst die ihm eigentlich zugedachte Willensfreiheit gegenüber der Welt. Und der Weltwille selbst kommt erst dadurch zur fruchtbaren und zugleich heilvollen Entfaltung, daß er in den Dienst eines Verlangens gestellt wird, das nicht aus dem an der Welt und ihren Ordnungen orientierten Ich stammt, sondern aus der überweltlichen Tiefe des zuinnerst erfahrenen Wesens.

*

Ein jeder der fünf Schritte, die zusammen das Rad der Verwandlung ergeben, kann in besonderen Augenblicken des Lebens mit besonderer Eindringlichkeit erlebt werden. So kann sich der Mensch eines Tages mit tiefem Entsetzen einer Fehleinstellung bewußt werden, in der er bislang seinem Nächsten gegenüber gelebt hat, und mit einem Schlage zu kritischer Wachheit erwachen. Ein andermal kann er erfahren, daß ihm ein Schicksalsschlag ein Gehäuse zerschlägt, in dem er, sich selbst verfehlend, festsaß, und mit einemmal läßt er los, woran er sich bislang mit allen Fasern geklammert hat. Oder er kann in einer erschütternden Stunde, die ihn über die Grenze seiner klein-menschlichen Weisheit und Macht hinausträgt, zum tiefsten Grund seiner selbst durchbrechen und unvermutet zur Fühlung des Seins hingelangen, die ihm bisher stets verstellt war. Und endlich kann er, in einer Sternstunde seines Lebens, einmal seinem Wesen in einer Weise begegnen, die ihn schlagartig freimacht von der Befangenheit in seiner wesenswidrigen Paßform, und, von solchem Erlebnis verwandelt, sich in der Verantwortung für eine Lebensgestalt wissen, die seinem Inbild gemäß ist.

Alles, was in besonderen Stunden mit einmaliger Tiefe gespürt wird, kann im gewöhnlichen Leben den ganzen

Alltag hindurch insgeheim gesucht und unerwartet erfahren werden. Und die Bereitschaft dazu kann ständig geübt werden. Hat der Mensch erst begriffen, worum es eigentlich geht, und sich wirklich entschlossen, den Weg der Verwandlung zu gehen, wird ihm *alles*, was ihm begegnet, zum Anlaß, sich zur rechten Verfassung zu üben. Überdies wird er sich aber in besonderen Übungen dem Exercitium ad integrum widmen.

*

Eine Grundübung, die alle Faktoren der Verwandlungsformel enthält, ist die Übung des richtigen, aufrechten *Sitzens*. Für den gesamten Osten von Indien bis Japan ist das meditative Sitzen das Kernstück der Exerxitienpraxis. Das rechte Sitzen ist aber keineswegs nur für den Menschen des Ostens von grundlegender Bedeutung. Wer immer in kritischer Wachheit ans Üben des rechten Sitzens geht, wird sich alsbald in der Haltung, im Spannungscharakter und im Atem seiner Fehlhaltungen in einer Weise inne, die weit über die Feststellung störender Fehlformen des Leibes hinaus, Fehleinstellungen seiner selbst als Subjekt bewußt werden läßt. Das *Loslassen* des sich im gespannten Oberkörper bekundenden Sicherheitswillen des Ichs, das vertrauensvolle *Sich-nieder-lassen* und geduldige *Sich-eins-werden-lassen* in der Mitte (Hara), das Spüren und *Zulassen* der in ihr aufgehenden, wesensgemäß aufrechten Form und endlich der Versuch, sie im weiteren Alltag, wo immer Gelegenheit ist, zu bewähren — all dieses sind in der Sprache des Sitzens Möglichkeiten der Übung zur rechten Verfassung überhaupt.

Wie oft erfahre ich es, daß ein Mensch mir in jener wesenswidrigen Weise gegenübersitzt, die — mit eingefallener Brust, abgeknicktem Kopf, hochgezogenen Knien, eingeknicktem Rumpf, aller Mitten-Kraft beraubt — bezeichnend ist für den Menschen, der als *«er»* gar nicht präsent ist. Wenn ich dann sage: «Mensch, wie halten Sie sich!», geben besonders junge Leute gern zu verstehen, daß sie dem «Halt-Dich-gerade» sehr abhold sind, das sie peinlich an den autoritären Vater erinnert. Gewiß, dafür hat man Verständnis. Fragt man dann weiter: «Was machen Sie denn statt dessen?» lautet die Antwort: «Ich sitze nun eben bequem!» Man kann einem solchen Menschen innerhalb weniger Minuten zeigen, daß es zwischen jener Haltung, in der er in unnatürlicher Weise nach oben gereckt dasitzt, und jener anderen, in der er, sich selber verbergend, zusammenfällt, eine dritte gibt, in der er von der Mitte her in einer Weise aufrecht *da* und im Lot ist, die ihn sowohl vom Krampf einer ihn vergewaltigenden Form befreit als auch gegen die ihn herabziehende Auflösung feit, und daß er sich in dieser Haltung zugleich bequem *und* in Ordnung, vor allem aber als sich selbst fühlt.

Diese Erfahrung tritt ein, wo der Mensch seine im Krampf wie in der Auflösung erscheinende wesenswidrige Ich-Haltung aufgibt, sich gelassen auf den Sockel seiner Mitte niederläßt und dann zuläßt und in seinem Willen einläßt, was ihm von ihr her als rechte Form zuwächst. Immer wieder gilt es zu erkennen, daß mit hochgezogenen Schultern, mit einem nach oben hin verlagerten Schwerpunkt der Mensch aus seiner Mitte heraus ist, sie aber ebenso in der formlos-lässigen Aufgelöstheit verfehlt. Und immer bedarf es zur rechten Haltung der Mitwirkung aus Freiheit heraus. Das Tier kann im Stehen schlafen. Der Mensch aber fällt, wenn er im Stehen einschläft, bald um. Keinen Augenblick sind wir Menschen aus der Verantwortung für die Form entlassen, in der wir jeweils da sind.

*

Die rechte Aufrechterhaltung hat nichts mit der Aufgeblasenheit oder Verstiegenheit einer unechten Persona-Haltung zu tun. Sie ist im Gegenteil immer auch Ausdruck der rechten Demut. Die rechte Haltung enthält jene Bescheidung, die ablehnt, was über das eigene Maß hinausgeht, aber zuläßt, annimmt und ohne Scheu bezeugt, was dem eigenen Maß entspricht. *Unter* dem zu bleiben, was einem zugedacht und auferlegt ist, ist die falsche Demut. Sie ist nicht weniger eine ichbedingte existentielle Lüge als die «Angabe» mit etwas, das man nicht ist. Zur rechten Haltung gehört also als erstes das Zulassen des eigenen Inbildes zu der ihm gemäßen Gestalt. Nur in ihr steht man dann wirklich selbst da und nur in ihr kann man sich angstlos und ohne Überheblichkeit «stellen». Ein Beispiel für viele:

Bei mir ist ein junger Ungar. Er ist vom Leben schwer angeschlagen. Bis zu seinem 14. Lebensjahr in einem Internat aufwachsend, pflegte er ein Bild von seiner Mutter, das sie zum Idealbild aller liebenden Mütter macht. Als er ihr dann zum ersten Male wirklich begegnet, entpuppt sie sich in seinen Augen als ein Biest. Die Enttäuschung wirft ihn in die Haltung des ewigen Rächers, der wie unter einem Zwang alles vernichten muß, was er liebt, und in hybrider Weise alles abwerten muß, was anderen heilig ist. Er ist dabei sehr begabt, erfolgreich als Zeichner und Schauspieler und auch tänzerisch voll ausgebildet. Letzteres macht es mir möglich, ihm seiner Bitte entsprechend ohne Vorübung «Hara» zu zeigen, das heißt ihn in seine rechte Mitte zu stellen. Nicht das Sichloslassen war für ihn ein Problem, wohl aber das rechte Sich-aufrichten, das Annehmen und Zulassen, der seinem Inbild entsprechenden «guten» Gestalt. Als er dann endlich richtig dastand, lasse ich ihn, während ich selbst mich wieder setze, stehen und sich im Stehen mit mir unterhalten. Es war dies zugleich eine Prüfung, ob nicht gerade dies wieder eine Protesthaltung und Vernichtungsabsicht wachriefe. Aber das Gegenteil geschah. In der «rechten Haltung» machte es ihm nicht nur nichts aus, stehen gelassen zu sein, sondern zu meiner Überraschung unterbricht er mich plötzlich, sich zugleich höflich entschuldigend, und sagt: «Ich muß Ihnen jetzt etwas sagen. Es ist sehr seltsam für mich, aber ich glaube, sehr wichtig. Soeben erlebe ich zum erstenmal in meinem Leben wohl das, was man Demut nennt», und jetzt hatte er auch zum erstenmal ein gutes Leuchten in seinen Augen.

Gewiß, das war nur ein «Ersterlebnis», und ein solches Erlebnis bedeutet noch keine Verwandlung. Es ist aber eine maßabgebende Erfahrung, die in diesem Fall auch lebensentscheidend war. Der junge Mann begann in diesem Augenblick ein neues Leben. Dies Beispiel zeigt, wie allein aus der rechten Gebärde ein rettender Impuls kommen kann, dessen heilende Kraft aus der Inbildlichkeit kommt, die die reine Gebärde zugleich ausdrückt und verwirklicht. Solches ist auch in der «Übung» möglich, weitgehend unabhängig von aller Lebensproblematik, die sich in den Fehlhaltungen äußert.

5. DIE BEZEUGUNG IM ALLTAG

In steter Überwindung des Widerspruchs zwischen der Not ewiger Verwandlung, zu der das Gesetz unseres Wesens uns zwingt, und dem Haften an einer glücklich gewonnenen Paßform, die uns ein scheinbar reibungsloses Leben ermöglicht, entwickelt sich der Mensch zur *Person.* Auch die höchste ihm mögliche Form wird dem Anspruch des übergeschichtlichen und unbedingten Seins immer nur in einem geschichtlich bedingten Gewand nachkommen können. Wir können uns nie des einmal Gewordenen völlig entkleiden, nie nichts als die «reine Idee» sein. Aber nur darauf, daß ihre weltliche Fassung *transparent wird,* kommt es an. So ist die «Transparenz» auch der Sinn aller Übung.

*

Übung gibt es immer in zweifachem Sinn: *als gesonderte Übung,* zum Beispiel als Übung des rechten Atems oder des meditativen Sitzens, in der der Übende sich zu besonderer Stunde abseits vom Alltag im Loslassen, Einswerden und Neuwerden übt, und zweitens als *«Alltag als Übung».* Jede Handlung des Tages hat nicht nur einen äußeren Sinn im Hinblick auf das, was in der Welt dabei «herauskommt», sondern birgt auch in der Weise, *wie* sie vollzogen wird, einen inneren Sinn in Gestalt einer Chance dafür, daß in ihrem Vollzug auch etwas «hereinkommt». Jede Lebenssituation, jede Handlung, jedes Werk kann für den, der auf dem Weg ist, zum Anlaß werden, das Rad der Verwandlung weiterzudrehen und alle fünf Schritte zu vollziehen: kritische Erkenntnis seiner Fehlhaltungen, Loslassen, Einswerden in völliger Hingabe, Zulassen und Aufnehmen des Inbildes und Bewährung im rechten Vollzug.

Insofern der Alltag selbst immer «Bewährung» fordert, stellt er selbst immer die Übung des fünften Schrittes dar. Im alltäglichen Tun geht es darum, *unter* den jeweiligen Bedingungen der augenblicklichen Situation zu bezeugen, was in der Stille der besonderen Übung in Reinheit gespürt und geübt wurde. Die Übung ist leicht, aber es ist schwer, ein Übender zu werden. Und was dem Übenden in der besonderen Übung gelingt, steht ihm noch nicht ohne weiteres in der Welt zur Verfügung. Es ist der ewige Schmerz des Übenden, daß er die Haltung, die ihm in der besonderen Übung gelang und ihm vielleicht zu ersten Seinsfühlungen verhalf, so leicht wieder verliert. Es geschieht dies nicht erst unter dem Druck besonders widriger Umstände, sondern überhaupt «draußen in der Welt». Dies ist das Leid des tagtäglichen Versagens im Scheitern an der Aufgabe, das Unbedingte des Wesens und Seins im geschichtlichen Dasein Gestalt werden zu lassen. Dies ist jedoch immer nur in einem bestimmten Ausmaß möglich.

*

Wenn wir einen Baum wahrnehmen, sehen wir in seiner Gestalt einerseits die Auszeugung seines Inbildes, andererseits das Ergebnis der Bedingungen, unter denen die Auszeugung stand. Es gibt Bäume, deren Lebensleib voll mit ihrer Wesensform zusammenzufallen scheint. Andere wiederum gibt es, deren bizarre Gestalt — wie etwa die der Wetterbuchen auf dem Schauinsland — so stark von den Stürmen erzählt, die sie zu durchleben hatten, daß das ursprüngliche Inbild dahinter fast ganz zurücktritt beziehungsweise nur im Widerspruch zu ihm hervortritt. Und doch, sind nicht gerade sie überzeugend als Zeugen des wirklichen Lebens und trägt nicht gerade auch die Form ihrer Abweichung vom Inbild die Prägung ihres Wesens?

Auch eines jeden Menschen Daseinsform zeigt ihre doppelte Herkunft. Im Unterschied aber zu Pflanze und Tier ist der Mensch mitverantwortlich für das Maß, in dem sein Inbild, unter welchen Bedingungen auch immer, sich durchzusetzen und auszubilden vermochte. Daß dies immer nur in einem bestimmten Ausmaß möglich ist, gehört jedoch unabdingbar zum Menschsein.

*

Wenn wir uns, etwa im Gespräch mit einem Freunde, über einen anderen unterhalten und dann die Frage kommt: «Was ist das eigentlich für ein Mensch?», sind wir alsbald in die Problematik versetzt, die sich aus der Spannung zwischen seinem «eigentlichen Wesen» und seinem «empirischen» unter den Bedingungen von Raum und Zeit entstandenen Charakter ergibt. Bewerten wir dann einen Charakter erst allzu hart und ohne Rücksicht auf das, was dieser Mensch erlebt und durchlitten hat, nur von seinem Inbild her, dann kommt es bisweilen zu einer eigentümlichen Feststellung, in der wir alle Kritik an der unter den Bedingungen der Welt entstandenen Form einklammern, und uns gedrängt fühlen zu sagen: «Aber, es ist doch wirklich ein *Mensch!*» In dieser Äußerung haben wir mit einem Male das durchlittene Leben mit vor Augen und rechnen es nun diesem Menschen dankbar und gleichsam zur Ehre an, daß er ganz einfach und gerade zu seinem Lebensleib steht! Ja, wir fühlen uns ihm gerade dadurch in besonderer Weise mitmenschlich nah. Es ist, als bezeuge ein Mensch bisweilen gerade in seiner Unvollkommenheit unverstellt und in überzeugender Weise die leibhaftige Einheit dessen, was einem Menschen zugleich *aufgegeben* und *möglich* ist. Dann anerkennen wir in ihm den, der nicht weniger zu sein vorgibt, als er ist, aber auch nicht mehr sein will, als es ihm gelang zu sein. Und das eben ist das Eigenartige: Gerade dort, wo ein um das Rechtsein bemühter Mensch ohne Anspruch ganz einfach zu seinem Lebensleib steht, wird dieser, auch gerade dort, wo er nicht ganz dem Inbild gemäß ist, auf seine Wesensform hin transparent. So leuchtet in unserem Dasein das uns eingeborene übergeschichtliche Sein auch in einem unter den widrigen Bedingungen vom Raum und Zeit entstandenen und vielfach verwundeten Lebensleib auf, wenn der Mensch in seiner Wahrheit steht. Dies geschieht immer dort, wo ein Mensch sich um das Rechtsein bemüht, zugleich aber schlicht und gerade zu dem steht, was nun einmal aus ihm geworden ist, und sich selbst auch *in* seiner Schwäche und Unvollkommenheit annimmt.

Genau so nun wie es ein eingeborenes und erweckbares Urgespür dafür gibt, wie weit unsere jeweilige Verfassung dem Inbild gemäß ist, genau so gibt es auch ein auszubildendes Gespür für die *Echtheit* der Haltung im Hinblick auf das, was tatsächlich aus uns geworden ist. Und wir müssen in ständiger Übung sowohl das Organ für die Verfassung ausbilden, die unserem Inbild entspricht, wie das Organ für die Echtheit unserer Gebärden. Diese ist gefährdet, wo wir in verlogener Weise das faktisch Gewordene einer Vorstellung zuliebe überspielen. Es ist selten genug, daß beides zusammen vollends gelingt. So verneigen wir uns vor der bewegenden Reinheit der Gebärde und Haltung, die in unverstellter Unmittelbarkeit das Licht des göttlichen Seelengrundes im auch schmerzlichen Ja zur säkularen Verhüllung aufleuchten läßt.

*

Der Mensch, der wirklich auf den Weg eingemündet ist, weiß, daß er keinen Augenblick aus der Verantwortung für die Seinsgegemäßheit seiner Verfassung und seines Lebens entlassen ist. So bemüht er sich ohne Unterlaß, dieser Verantwortung auch zu genügen. Aber er weiß, daß das, was er wirklich vermag, am Inbild gemessen immer dürftig genug bleibt. Vor allem aber ist es ihm klar, daß, was auch immer an Licht von ihm und seinem Werk ausgeht, niemals von ihm *gemacht*, sondern immer nur «zugelassen» ist, als etwas, das nicht von ihm kommt. Ja, die wichtigste Voraussetzung für alles, was wir «übend» vermögen, ist die in die Tat umgesetzte Erkenntnis, daß alles, was wir Menschen mit Bezug auf Transzendenz vermögen, nie ein *Machen*, sondern immer nur ein *Zulassen* dessen ist, worauf der Seinsgrund in uns hindrängt. Segen ist nur auf dem Weg, auf dem in aller Anspannung der Kräfte, im Streben nach Selbstverwirklichung, der Krampf «Ich muß es machen» fortschreitend nachläßt. Das im Verborgenen Waltende muß vertrauensvoll zugelassen werden. Auf der anderen Seite muß sich *in* allem Bewußtsein der eigenen Schwäche doch das Gewissen festigen, gehorsam die Form zu entwickeln, die dem Ruf aus dem Inbild entspricht. Anheimgabe und Gehorsam gehören zusammen, wenn es gelingen soll, der Manifestation des Seins im Dasein zu dienen. Mit jeder Entdeckung aber, daß wir hinter dem Geforderten zurückbleiben, mit jeder Einsicht in das eigene Versagen, schlägt der fünfte Schritt wieder in den ersten um; denn es ist die «kritische Wachheit», in der wir uns bewußt werden, daß wir und wie wir anders sind und uns anders verhalten, als wir es als Zeugen des LEBENS sollten.

*

«Bezeugen des Seins» in der rechten Verfassung bedeutet, daß das Rad der Verwandlung nie aufhört, sich weiter zu drehen. Daß es wirklich nie stillsteht, dafür sorgen dann zwei Faktoren. Der eine grundlegende ist: Daß das göttliche Sein uns ganz ohne unser Zutun in Atem hält. Ohne Unterlaß ist es in unserem Wesen am Werk. Auf jede Abweichung von der Form, die ihm entspräche, reagiert es mit einem mehr oder weniger sanften Gegenzug. Und nie sind wir ganz aus der Einheit des Seins entlassen. Fortschreitend kann uns dies in der

Sehnsucht und Unruhe des Herzens und als Druck und Drang des Gewissens bewußt werden. Die andere Kraft aber, die das Rad der Verwandlung in Gang hält, kommt aus der *Freiheit* des Menschen; denn wir bleiben nur in dem Maß auf dem Weg, als wir das Anliegen des Seins aus Freiheit in unseren Willen aufnahmen. Und einmal müssen wir uns endgültig dafür entscheiden, in steter Verwandlung offenzubleiben sowohl für das, was unausweichlich das Leben uns bringt wie für das, was uns aus der Tiefe des Wesens beglückend zuströmt oder in fordernder Unbedingtheit aufruft. Und einmal müssen wir auch endgültig dazu bereit sein, dies unter allen Bedingungen des Daseins zu bezeugen. Nur in unserem *Werden* kann das *Sein* offenbar werden in der Welt. Wie sagt doch Meister Eckehart? «Gottes Sein ist unser Werden.» Dies wesensgemäße Werden aber ist gewährleistet nur in einer Verfassung, die in ihrer Geformtheit alle seelischen und leiblichen Lebensäußerungen des Menschen umfaßt. Nur dank einem solchen «In-Form-Sein» ist es möglich, daß das Wesen sich von Augenblick zu Augenblick in allen Gebärden nicht nur immer freier ausdrückt, sondern die «Person» sich auch fortschreitend zur Durchlässigkeit hin läutert und festigt. *L'ordre du coeur*, die verborgene Ordnung des Inbildes, *meint* im Menschen nicht nur, sondern *ist*, wo sie lebendig ist, auch ein *«ordre du corps»*. Je tiefer sich ein Mensch der Heillosigkeit seiner gesamten Lebenseinstellung und Lebensform inne und zur Wandlung bereit wird, desto sicherer muß er eines Tages erkennen, in welchem Ausmaß die seinswidrige Eigenläufigkeit und Hart«näckigkeit» seiner Fehlhaltungen «leibhaftig eingefleischt» ist. Und dann wird er vielleicht daran gehen, sich ohne Unterlaß in jenen Gebärden zu üben, die der dem Menschen zugedachten Transparenz für das divine Sein förderlich sind.

*

Einst fragte mich eine Frau: «Wie soll man eigentlich beten?» «Können Sie knien?» fragte ich schnell zurück. Diese Frage traf sie offensichtlich an empfindlichster Stelle. «Wie meinen Sie das?» fragte sie nun, etwas irritiert. «Nun, ganz einfach», sagte ich, «Sie knien vor Ihrem Bett nieder und geben sich so ganz und gar anheim . . .» Die Frau zuckte, stand auf und ging, fast ohne mich zum Abschied zu grüßen, hinaus. Am nächsten Tage berichtete sie: «Erst sei sie, als sie von mir gegangen, wie von einem vernichtenden Schlage getroffen getaumelt, dann aber unversehens ins Laufen gekommen — immer schneller. An ihrem Hotel angekommen, sei sie die Treppen hinaufgestürmt, in ihr Zimmer hinein, habe die Tür verschlossen und sei geradezu in ihre Knie gestürzt. Ja — und da nun sei es über sie gekommen . . . Sie wußte nicht, wie ihr geschah und was es war, das ihr widerfuhr. Nur dieses habe sie deutlich gefühlt: In dieser Haltung sei sie selbst wie ausgelöscht gewesen und machtlos, aber ganz erlöst hingegeben einem sie bergenden und . . . Ja — nun wüßte sie wohl, worum es ging!» Das ist ein Beispiel für die heilende Kraft der reinen Gebärde.

*

Die treue Bezeugung des Wesens im raumzeitlichen Dasein hat immer wieder das «Durchschreiten einer Zone der Vernichtung» zur Voraussetzung. Die Vorstellung eines endgültig gewonnenen Zustandes beglückender Präsenz aus dem Sein ist ein Irrtum. Und ebenso ist die Vorstellung vom «Vollendeten», der endgültig in sich gerundet ist, ein Wahn. Aber auch die Vorstellung von einem Menschen, an den nichts mehr herankommt und an dem die gegensätzlichen und dunklen Mächte der Welt gleichsam vorübergehen, ist ein Mißverständnis, wenn nicht ein Verrat an dem, was eigentlich gemeint ist.

*

Das Wesen im Dasein bewähren kann nur ein Mensch, der sich nie einbildet, «fertig» zu sein. Nur wenn er weiß, daß er nie fertig ist, kann er mit der Welt fertig werden, wie sie ist, kann heiler werden gerade dort, wo sie ihn kränkt, und kann auch den Kampf mit ihr aufnehmen. Aber auf das rechte Kämpfen kommt es an![1] Und dies hängt davon ab, daß der Mensch recht ist.

Der rechte Mensch ist nicht schon der, der einen Kampf nur aus dem Abwehr- und Durchsetzungswillen seines elementaren, rational entwickelten, pragmatisch denkenden und technisch geübten Ich aufnimmt. Es ist auch nicht schon der, der im Dienst an überkommenen und feststehenden Werten und Ordnungen seiner Gemeinschaft sein elementares Ich zurückstellt und zu Opfern bereit ist. Der rechte Mensch ist auch nicht der, der nur auf das Lichte bezogen, die dunklen, weil verdrängten Mächte des ursprünglichen Lebens in ihm und um ihn nicht sehen oder wahrhaben will. Indem er an ihnen vorbei-

[1] Vgl. Dürckheim, «Vom Recht zum Kämpfen» in «Wunderbare Katze». O.-W.-Barth-Verlag, 1965.

geht, ruft er sie in sich und um sich erst recht auf den Plan. Das Wesen im Dasein bewähren kann vielmehr nur, wer auch das Dunkle, das in ihm und um ihn ist, gelassen auf sich zukommen läßt und der immer vorhandenen Bedrohung nicht ausweicht. Das aber vermag nur, wer dem Gesetz des keinen Stillstand duldenden Lebens gehorsam seinen jeweils gewonnenen Stand in der Welt immer wieder aufs Spiel setzt. So muß der Mensch auch bereit sein, immer wieder die Form, in der er vorübergehend seinem Wesen genügt, in neuer Begegnung mit der sie bedrohenden Welt zu erproben. Es geht nicht nur darum, gegen das elementare Ich in uns zu siegen. Auch nicht nur darum, die Form zu überwinden, die, indem sie einerseits den Leistungs- und Haltungsforderungen der Welt entspricht, auf der anderen Seite das eigene Wesen verstellt. Vielmehr gilt es, immer wieder sogar die Verfassung zu wagen, die in der Fühlung mit dem aufgehenden Wesen entstand. Unwillkürlich baut ja der Mensch, dem der Kern seines Wesens innegeworden, einen Tempel um ihn. Aber gerade dieser muß immer wieder zerstört werden, damit das Heilige selbst in uns lebendig bleiben und neu aufleuchten kann.

*

Das Übergegensätzliche des im Wesen anwesenden Seins kann in diesem Dasein nicht aufblühen, wenn man sich abseitig in einem seiner Gehäuse ansiedelt und die Gegensätzlichkeit dieser Welt nicht wahrhaben will. Wachsen kann der Mensch aus dem Wesen nur dann, wenn er auch, was ihm zuwider ist, an sich heranläßt. Er muß sich den Mächten der Welt, so wie sie sind, ohne

Vorbehalt stellen. Er darf dem Dunklen nicht ausweichen und darf auch beim Lichten niemals verweilen. Nur in offener und immer neuen Begegnung aus Freiheit, nur im Weiterschreiten und, wo es not tut, im Preisgeben des glücklich Erreichten bilden und härten sich die zum Bestehen in der Welt nötige Haut sowie auch Meißel und Schwert für neue, gültigere Ordnung.

*

Im Gegensatz zum Gehäuse des kleinen Ichs und der Persönlichkeit, das hart und undurchlässig ist, ist die Lebenshaut, die dem Wesen gemäß und zugleich der Welt angepaßt ist, «transparent» d. h. durchlässig für das immer neue Eingehen des Ichs und Aufgehen des Wesens. Eben dadurch bildet sich das Gefäß, darin der Mensch ohne Ende zunehmen kann an Fülle und Macht, an Form und Einigungskraft aus dem Sein. Es wächst diese Haut aber nur mit, wo im denkenden und handelnden Einsatz auch die Form immer wieder gewagt wird, die in großen Augenblicken der Erlösung vom Ich und im Einswerden mit dem Grund aus dem Wesen heraus entstand. Groß ist die Versuchung, sich dann in ihr abseits in überlegener Stille zu halten. Aber wer dies versucht, fällt zurück. Der zum Wesen Erwachte erfüllt seinen Dienst am Sein in der Weise, wie er «das Eine, das not tut», kämpfend, gestaltend und liebend *mitten in der Welt* offenbar macht.

*

Die Licht- und Gestaltungskraft aus dem Wesen erhält sich lebendig und zeugungskräftig niemals im schönen Schrein, der es sorgfältig gegen die Welt abschirmt. Sie bleibt schöpferisch und erlösend immer nur in einer dank ihrer Durchlässigkeit leuchtenden *Wehr.* In ihr vermag der Mensch dann mehr, als nur die Welt aus seiner Ich-Kraft zu bestehen, oder sich im Dienst an geltenden Ordnungen als Persönlichkeit zu bewähren. Er wird im Ja zu Leben *und* Tod immer mehr die *Person,* die im Ja zum LEBEN auch als kämpfendes Ich und als dienende Persönlichkeit das göttliche Sein offenbar werden läßt in der Welt.

Ebenfalls im Verlag Hans Huber
erschienen:

Durchbruch zum Wesen

Aufsätze und Vorträge, 7. Auflage,
1982 186 Seiten, Pappband

«Bei Dürckheims «Durchbruch zum Wesen» geht es um die göttliche Ordnung Meister Eckarts, um die Erfahrung der eigentlichen Wirklichkeit des Lebens, des höhern Seins gegenüber dem bloßen Dasein».

Stuttgarter Zeitung

«Der Verfasser ist einer der ganz Seltenen, die erkannt haben, daß es Gesetze der Seele gibt – und Möglichkeiten, ja Gewißheit zu ihrer Erfüllung. Ein Buch der Innerung, aus dem der Leser beglückt Kostbarkeiten als bleibendes Geschenk empfängt.»

Der Psychologe